Third Edition

Workbook in Everyday Spanish

Book 2

Intermediate/Advanced

Julio I. Andújar

Robert J. Dixson

Prentice Hall

Upper Saddle River, New Jersey 07458

Editor-in-Chief: *Rosemary Bradley*
Associate Editor: *María F. García*
Senior Managing Editor: *Deborah Brennan*
Cover & Interior Design: *Ximena Piedra Tamvakopoulos*
Senior Marketing Manager: *Christopher Johnson*
Manufacturing Buyer: *Tricia Kenny*

©1997, 1991, 1958 by R. J. Dixson Associates
Published by Prentice Hall, Inc. A Viacom Company
Upper Saddle River, New Jersey 07458

Printed in the United States of America
10 9 8 7 6 5 4 3

ISBN 0-13-432791-8

Prentice Hall International (UK) Limited, *London*
Prentice Hall of Australia Pty. Limited, *Sydney*
Prentice Hall Canada Inc., *Toronto*
Prentice Hall Hispanoamericana, S.A., *México*
Prentice Hall of India Private Limited, *New Delhi*
Prentice Hall of Japan, Inc. *Tokyo*
Prentice Hall of Southeast Asia Pte. Ltd, *Singapore*
Editora Prentice Hall do Brasil, Ltda., *Rio de Janeiro*

Contents

Preface

Workbook in Everyday Spanish is a two-volume program offering a tried and true approach to reviewing grammar and vocabulary. The program is intended as a supplement to your main classroom text, for homework assignments and self-study. Both volumes offer a systematic, graded presentation and practice of Spanish grammar, vocabulary and sentence structure.

As in previous editions, the third edition is organized into one- or two-page *Worksheets* that present a topic and provide practice of that topic. The presentations include clear and concise English explanations of key grammatical points followed by straightforward examples that guide students through the accompanying exercises. The topics are then reinforced in self-contained *Review* sections. After most *Review* sections is a **Buscapalabras** or word game that keeps student interest level high.

The convenient format of *Workbook in Everyday Spanish* allows students to write directly in their books, tear out their worksheets, and submit them to their instructors for evaluation. A separate Answer Key is also available free of charge to instructors using *Workbook in Everyday Spanish* and for student purchase.

The *Third Edition* has been enhanced by sequencing topics to correspond to the scope and sequence of most Spanish language texts. This makes the *Workbook in Everyday Spanish* program ideal for use as a supplement to any Spanish language text.

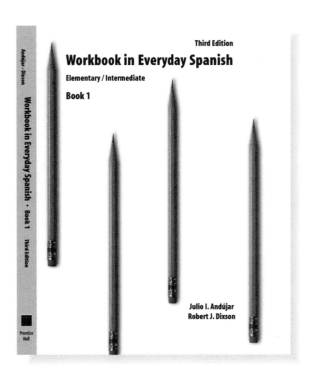

Part 1

Contents

Worksheet 1.1 Use of *hace*

In expressions involving time, besides the present perfect, Spanish has another method for identifying an action, a state, or condition that began in the past and continues in the present. Compare the English and Spanish approaches:

EXAMPLE: *I have been studying Spanish for three years.*   (Present progressive tense)
He estudiado español por tres años.   (Present perfect)
Hace tres años que estudio español.   (Simple present tense)
(Literally: *It makes three years that I study Spanish*)

➤ Supply the present tense form of the verbs in parentheses.

1. *Hace* más de un mes que ella _____ (estar) enferma.

2. *Hace* dos años que él _____ (vivir) en Caracas.

3. *Hace* muchos años que nosotros _____ (ser) buenos amigos.

4. *Hace* un mes que Enrique _____ (estar) en el hospital.

5. *Hace* diez años que ellos _____ (vivir) en esta casa.

6. *Hace* solamente un mes que nosotros nos _____ (conocer).

7. *Hace* tres años que él _____ (ser) presidente de la compañía.

8. *Hace* más de dos semanas que tú no _____ (venir) a tus clases.

9. *Hace* varios años que mi vecino _____ (dar) clases de español.

10. *Hace* media hora que los niños _____ (jugar) en el parque.

11. *Hace* casi dos meses que mi tío no nos _____ (escribir).

12. *Hace* eso de once años que tú _____ (vivir) en el Perú.

13. *Hace* mucho tiempo que su padre _____ (buscar) trabajo.

14. *Hace* dos años que él _____ (tocar) la flauta.

15. *Hace* más de un mes que yo no _____ (ver) a Raquel.

16. *Hace* menos de un año que ella _____ (bailar) profesionalmente.

17. *Hace* tres años que él _____ (asistir) a nuestra escuela.

18. *Hace* más de un mes que nosotros no _____ (ir) al cine.

19. *Hace* tiempo que yo no _____ (cenar) fuera de casa.

20. *Hace* tres días que tú _____ (tener) el mismo dolor de cabeza.

21. ¿Cuánto tiempo *hace* que Juan no _____ (venir) a vernos?

22. *Hace* mucho tiempo que nosotros no _____ (salir) de noche.

Worksheet 1.2 Present perfect tense (*pretérito perfecto*)

The present perfect tense is formed with the present tense of the auxiliary verb **haber** followed by the past participle of the main verb.

The present tense of the verb **haber** is conjugated:

Regular past participles are formed from the infinitive. Change the -**ar** ending to -**ado (hablado, contestado).** Change the -**er** and -**ir** endings to -**ido (comido, traído, vivido, recibido).** The past participle, as a verb, never changes form.

haber			
yo	he	nosotros(as)	hemos
tú	has	vosotros(as)	habéis
él, ella, usted	ha	ellos, ellas, ustedes	han

EXAMPLE: **he hablado**   **hemos hablado**
           has hablado   **habéis hablado**
           ha hablado   **han hablado**

➤ Change the following verbs from the present tense to the present perfect tense.

1. Yo estudio _____
2. Él habla _____
3. Ella viene _____
4. Vivimos _____
5. Regresan _____
6. Tú viajas _____
7. Ella busca _____
8. Te acuestas _____
9. Se levanta _____
10. Yo traigo _____
11. Usted gana _____
12. Julio da _____
13. Tú vas _____
14. Nadie sabe _____
15. Juan toma _____
16. Me cepillo _____
17. Él cierra _____
18. Tú vives _____
19. Ellos van _____
20. Él aprende _____

21. Yo tengo _____
22. Ellos salen _____
23. Tú eres _____
24. Ella está _____
25. Él puede ir _____
26. Ana estudia _____
27. Tú duermes _____
28. Ella canta _____
29. Usted baila _____
30. Me gusta _____
31. Él empieza _____
32. Tú compras _____
33. Yo leo _____
34. Yo insisto _____
35. Yo conozco _____
36. Él quiere _____
37. Trabajan _____
38. Tú preparas _____
39. Yo sé _____
40. Él se viste _____

Worksheet 1.3 More on the present perfect tense

The present perfect tense in Spanish is used to describe a recently completed action or one that began in the past and continues in the present:

EXAMPLES: **He comprado** un coche nuevo.   (Recently completed action)
I have bought a new car.
Bolivia **ha producido** mucho estaño.   (Continuing action)
Bolivia has produced much tin.

➤ Supply the present perfect tense of the verbs in parentheses.

1. Alguien me _____ (robar) el coche.

2. Yo _____ (hablar) con la policía.

3. Ellos me _____ (prometer) buscar mi carro.

4. Yo _____ (tener) que usar el tranvía.

5. Yo _____ (conocer) a muchos músicos.

6. Ellos _____ (practicar) mucho sus instrumentos.

7. Mis padres me _____ (comprar) una guitarra eléctrica.

8. Hasta ahora yo _____ (aprender) una sola canción.

9. Mi tía nos _____ (llamar) desde Costa Rica.

10. Ella _____ (vivir) allí tres meses.

11. Nosotros _____ (hablar) de visitarla en la primavera.

12. Aquel país siempre me _____ (interesar) mucho.

13. La maestra me _____ (dar) mucha tarea para mañana.

14. Yo _____ (tratar) de hacerla pero es muy difícil.

15. Mis padres _____ (tener) tiempo para ayudarme.

16. Con su ayuda yo _____ (poder) completarla.

17. Yo _____ (ser) vendedor por trece años.

18. Yo _____ (comer) en muchos restaurantes finos.

19. Todos los camareros me _____ (tratar) bien.

20. Ellos siempre _____ (contar) con una buena propina.

21. Tú _____ (estar) muy enferma toda la semana.

22. ¿Por qué no _____ (ir) al médico?

23. La medicina _____ (curar) muchas enfermedades.

24. Mi primo _____ (aliviarse) de los mismos síntomas.

Worksheet 1.4 More on the present perfect tense

➤ Change these sentences from the simple present tense to the present perfect tense. Be aware of each change in meaning.

1. Los soldados *se entrenan* por ocho semanas.

    _____

2. El sargento los *enseña* muy bien.

    _____

3. Por muchos años nosotros *gozamos* de la paz.

    _____

4. En caso de guerra los soldados *son* muy valientes.

    _____

5. Nosotros siempre *contamos* con ellos.

    _____

6. Yo *admiro* mucho a los maestros de mi escuela.

    _____

7. Ellos *aprenden* muy bien su profesión.

    _____

8. Los alumnos siempre *reciben* lecciones valiosas.

    _____

9. Gracias a ellos yo *soy* bien educado.

    _____

10. Yo *pienso* a veces en ser maestro también.

    _____

11. El cartero siempre *llega* a la misma hora.

    _____

12. Hoy me *trae* una carta muy importante.

    _____

13. Dice que me *aceptan* en la Universidad de México.

    _____

14. Por muchos años yo *sueño* en asistir allí.

    _____

15. Es por eso que *practico* mucho español.

    _____

16. Yo nunca *voy* a ese cine.

    _____

17. Siempre *tienen* películas de vaqueros e indios.

    _____

18. A mi me *interesan* los dramas históricos.

    _____

19. Mi favorito *es* «Un cuento de dos ciudades».

    _____

20. El actor Ronald Coleman me *impresiona* mucho.

    _____

21. A mí me *encantan* los poemas de Bécquer.

    _____

22. Yo *leo* todas sus rimas varias veces.

    _____

23. Nadie *entiende* mejor el sonido y el color.

    _____

24. Cada obra suya *es* una joya de la literatura.

    _____

25. Sus cuentos también le *traen* mucha fama.

    _____

26. Mi tío siempre *fuma* demasiado.

    _____

27. Recientemente él *empieza* a toser muchísimo.

    _____

28. Los médicos *declaran* que el tabaco es peligroso.

    _____

29. Yo siempre *estoy* de acuerdo con los médicos.

    _____

30. ¡Qué bueno! Mi tío *promete* que no fumará más.

    _____

Worksheet 1.5 More on the present perfect tense

➤ Change these sentences from **yo** to **él** and then to **tú**. Write the forms in the blanks. (For additional oral practice, change the subjects also to **nosotros** and **ustedes**.)

1. Yo *he estudiado* español un año. _____

2. Yo *he estado* enfermo últimamente. _____

3. Yo *he viajado* mucho por Sudamérica. _____

4. Yo *he hablado* con ellos sobre esto. _____

5. Yo *he ido* a España tres veces. _____

6. Hoy yo *he tomado* mucho café. _____

7. También yo *he comido* demasiado postre. _____

8. Yo *he preparado* muy bien las tareas. _____

9. Yo *he conversado* con ellos en inglés. _____

10. Yo *he vivido* diez años en esta ciudad. _____

11. Yo *he trabajado* aquí ocho meses. _____

12. Yo *he sido* siempre un buen alumno. _____

13. Yo la *he esperado* por dos horas. _____

14. Yo *he visitado* a Felipe en su casa. _____

15. Yo *he recibido* dos cartas de Elena. _____

16. Yo ya *he conocido* a los Sánchez. _____

17. Yo *he leído* esa novela por primera vez. _____

18. Yo *he traído* a casa todos mis libros. _____

19. Yo *he prometido* visitarlos esta noche. _____

20. Yo *he llamado* a la compañía a menudo. _____

21. Yo nunca *he tenido* dolor de cabeza. _____

22. Yo *he aprendido* mucho en esta clase. _____

Worksheet 1.6 Past perfect (pluperfect) tense

The past perfect tense is formed the same in both languages: the past tense (imperfect) of the helping verb *to have* (**haber**) plus the past participle:

EXAMPLE: PAST   PAST PARTICIPLE
Ella **había estudiado** francés en la escuela.   había estudiado
She had studied French in school.   *had studied*

➤ Supply the past perfect tense form of the verbs in parentheses.

1. Él insistió en decir que _____ (echar) la carta al buzón.

2. Yo le dije que no la _____ (recibir).

3. Fuimos a su casa, pero Juan y María _____ (salir).

4. Después dijeron que nos _____ (esperar) dos horas.

5. Yo le _____ (preguntar) algo al profesor.

6. Él dijo que no _____ (entender) mi pregunta.

7. Ellos _____ (vivir) en Francia por varios años.

8. Allí ellos _____ (aprender) a hablar francés.

9. Tú sabías que yo _____ (estar) enfermo toda la semana.

10. Fue por eso que yo no te _____ (invitar) a la fiesta.

11. Ella _____ (manejar) más lentamente que nunca.

12. Ella creyó que _____ (llegar) tarde.

13. Oímos decir que tú padre _____ (vivir) en Italia.

14. Sí, pero yo nunca _____ (estar) allí.

15. Yo nunca _____ (comer) en un restaurante tan elegante.

16. Siempre me _____ (asustar) los precios.

17. Mi primo _____ (ganar) mucho dinero en el boxeo.

18. Desgraciadamente, él no _____ (ahorrar) nada.

19. Yo _____ (dormir) una siesta a mediodía.

20. El bebé de mi hermana _____ (llorar) toda la noche.

21. En mi juventud yo _____ (tener) demasiadas ambiciones.

22. Yo no _____ (realizar) ni la mitad.

Worksheet 1.7   Irregular past participles

The following past participles are irregular.

| abierto (abrir) | cubierto (cubrir) | hecho (hacer) | roto (romper) | visto (ver) |
| dicho (decir) | escrito (escribir) | muerto (morir) | puesto (poner) | vuelto (volver) |

The addition of a prefix does not alter the irregular form of the past participle. Can you give the past participles for **descubir, deshacer, componer,** and **devolver**?

A number of regular past participles require written accent marks: **leer (leído), creer (creído), traer (traído), oír (oído), reír (reído).**

➤ Supply the correct past participle of the verbs in parentheses.

1. Yo he _____ (abrir) una nueva zapatería en Los Ángeles.

2. Me han _____ (decir) que ésta en una de las mejores esquinas.

3. Yo ya había _____ (poner) un anuncio en los periódicos.

4. Es sólo el primer día, pero ya he _____ (hacer) buenas ventas.

5. No hemos _____ (ver) nuestro florero sueco.

6. A lo mejor, la criada nos lo había _____ (romper).

7. Ella no nos ha _____ (decir) nada sobre el asunto.

8. Pero yo he _____ (descubrir) los pedazos en la basura.

9. El dictador de aquel país se ha _____ (morir).

10. Un periodista ha _____ (escribir) sobre el nuevo gobierno.

11. Yo he _____ (leer) sus reportes con mucho interés.

12. El nuevo presidente ya ha _____ (traer) muchas reformas al país.

13. Los pintores habían _____ (abrir) todas las ventanas.

14. El polvo ha entrado y ha _____ (cubrir) todos los muebles.

15. También hace frío. Yo me he _____ (poner) el suéter.

16. Han _____ (decir) que en la noche podremos cerrarlas.

17. Yo he _____ (escribir) una carta en español.

18. He _____ (descubrir) algunas palabras que no parecen correctas.

19. Abuelito a veces se ha _____ (reír) de ortografía.

20. ¿Ha _____ (ver) usted mi diccionario inglés-español?

21. Nosotros hemos _____ (volver) a la iglesia del padre Hidalgo.

22. El padre Hidalgo había _____ (morir) durante la guerra.

23. Él todavía no había _____ (ver) la independencia de México.

24. Pero nadie había _____ (hacer) más para ganarla.

Worksheet 1.8 Past participles as adjectives

Past participles as verbs never change forms:

EXAMPLES: Él ha **hablado**. Ellas han **hablado**.

As adjectives, past participles observe the same agreements in number and gender as other adjectives;

EXAMPLE: El libro está **abierto**.
La revista **abierta** es la última.

➤ Supply the past participle form of the verbs given in parentheses and used here as adjectives.

1. La novela *La barraca* está _____ (escribir) por Blasco Ibáñez.

2. Un famoso retrato de él fue _____ (pintar) por Picasso.

3. Sus libros son _____ (leer) por millones de españoles.

4. También han sido _____ (traducir) en muchos idiomas.

5. En California las casas están _____ (construir) de estuco.

6. Las casas _____ (hacer) totalmente de madera son bonitas.

7. En Boston vi muchos edificios _____ (cubrir) de hiedra.

8. Los rascacielos son _____ (construir) de acero y hormigón.

9. La música está _____ (componer) por Albéniz.

10. Fue uno de los compositores más _____ (conocer) de España.

11. Sus composiciones son _____ (oír) en todas partes.

12. También han sido _____ (grabar) por las mejores orquestas.

13. El niño tiene la camisa _____ (cubrir) de lodo.

14. Estaba _____ (distraer) y se cayó jugando en el parque.

15. Ese niño _____ (atrever) nunca tiene cuidado cuando juega.

16. Ya tiene _____ (lastimar) las dos rodillas.

17. Me gustan las comidas _____ (preparar) al estilo español.

18. Me encantan los mariscos _____ (combinar) con pollo y arroz.

19. Las frutas _____ (cult*ivar*) en España son deliciosas.

20. El pescado _____ (*cocer*) con aceitunas es mi favorito.

21. La fiesta más _____ (celebrar) en mi familia es la Navidad.

22. El aspecto religioso siempre es _____ (observar).

23. También es una temporada _____ (dedicar) a ir de compras.

24. El año _____ (pasar) gastamos mucho en regalos navideños.

Past participles

➤ In the blanks, supply the past participle of the following verbs.

1. hablar _____

2. escribir _____

3. abrir _____

4. preferir _____

5. ir _____

6. comer _____

7. vivir _____

8. estudiar _____

9. empezar _____

10. salir _____

11. leer _____

12. construir _____

13. traducir _____

14. romper _____

15. gustar _____

16. preparar _____

17. ser _____

18. estar _____

19. tener _____

20. coger _____

21. hacer _____

22. llevar _____

23. traer _____

24. oír _____

25. morir _____

26. telefonear _____

27. pedir _____

28. reír _____

29. dirigir _____

30. pagar _____

31. volver _____

32. cubrir _____

33. haber _____

34. ofrecer _____

35. llamar _____

36. recibir _____

37. poner _____

38. creer _____

39. dar _____

40. ver _____

41. prestar _____

42. levantar _____

43. saber _____

44. cerrar _____

45. venir _____

46. decir _____

47. desaparecer _____

48. conocer _____

Worksheet 1.9 Future perfect tense

The future perfect tense describes an action that will already have taken place with reference to another action. It uses the future tense of **haber** plus the past participle.

EXAMPLE: Si llegamos a las seis, ellos **habrán cenado.**
            *If we arrive at six o'clock, **they will have eaten** dinner.*

➤ Supply the future perfect tense of the verbs in parentheses.

1. Si vamos allí ahora, ellos _____ (ver) la televisión.

2. Mañana a esta hora el avión _____ (volar) sobre el mar.

3. Él dice que tú _____ (nadar) en la piscina todo el día.

4. Si llegamos antes de las dos, ellos no _____ (almorzar).

5. Se enojará si le molestamos porque no _____ (terminar).

6. ¿Qué _____ (hacer) usted esta noche hasta las siete?

7. El lunes, a estas horas, nos _____ (divertir) en el río.

8. Ve ahora porque Isabel ya _____ (practicar) el piano.

9. No puede interrumpir. Él _____ (dictar) a su secretaria.

10. Esta tarde sólo _____ (estar) descansando en su hamaca.

Worksheet 1.10 Passive voice (*la voz pasiva*)

In both English and Spanish, the passive voice is a sentence pattern in which the subject receives the action of the verb rather than performing that action.

EXAMPLES:

active	*passive*
El cocinero **usa** mucha sal.	Mucha sal es **usada** por el cocinero.
El médico **curó** la enfermedad.	La enfermedad fue **curada** por el médico
Tomás **escribirá** la carta.	La carta **será** escrita por Tomás.

Note that the past participle must agree with the noun it refers to (as in the previous exercise). Note also that the subject in the active voice becomes the object of **por** in the passive voice, also that **sal**, **enfermedad,** and **carta** become the subjects in the passive voice.

➤ Supply the past participles of the verbs in parentheses.

1. *El pensador* fue _____ (esculpir) por Rodin.

2. *La Mona Lisa* fue _____ (pintar) por Da Vinci.

3. *Don Quixote* fue _____ (escribir) por Cervantes.

4. *La Traviata* fue _____ (componer) por Verdi.

5. El trigo es _____ (producir) por un agricultor.

6. La seda es _____ (producir) por un gusano.

7. Los cacahuetes son _____ (producir) por las raíces.

8. Las comidas son _____ (producir) por los cocineros.

9. El viaje será _____ (planear) por la agencia.

10. La ruta será _____ (escoger) por mis padres.

11. Las escalas serán _____ (incluir) en el precio total.

12. La propina será _____ (pagar) en cada hotel.

13. Mi reloj ha estado _____ (romper) por seis meses.

14. Muchos relojes han sido _____ (reparar) por el joyero.

15. Tengo otro reloj que me fue _____ (regalar) por mis abuelos.

16. Fue _____ (comprar) por ellos cuando yo cumplí diez años.

17. La electricidad fue _____ (descubrir) por Benjamín Franklin.

18. La luz eléctrica fue _____ (inventar) por Tomás Edison.

19. El primer antiséptico fue _____ (usar) por José Lister.

20. El helicóptero fue _____ (desarrollar) por Igor Sikorsky.

21. La boda fue _____ (arreglar) por los padres de los novios.

22. Los músicos fueron _____ (contratar) por los padres de él.

23. El fotógrafo fue _____ (pagar) por los padres de ella.

24. El brindis fue _____ (hacer) por el hermano del novio.

Worksheet 1.11 More on the passive voice

The true passive voice is used much less prequently in Spanish than in English. The preterite passive tense is used much more that the other passive tenses.

➤ Rewrite the following sentences using the preterite passive voice.

1. *Él escribió* ese libro hace muchos años. _El libro fue escrito hace muchos años._

2. Tu *cerraste* las ventanas. _____

3. *Terminaron* el trabajo en enero. _____

4. *Construyeron* ese edificio en 1954. _____

5. *Hicieron* esos muebles en La Habana. _____

6. Todos *admiraron* al gran artista. _____

7. Nos *recibieron* con muchas atenciones. _____

8. *Pusieron* a todos los alumnos nuevos en la misma clase. _____

_____

9. Un buen arquitecto *planeó* ese edificio. _____

10. Hasta Colón, los europeos *desconocían* América. _____

_____

11. A ti te *escucharon* con mucha atención mientras hablabas. _____

_____

12. La población *recibió* a los visitantes con honores. _____

_____

13. Ayer *aprobaron* los planos para el nuevo edificio. _____

_____

14. *Sentenciaron* al acusado a dos años de cárcel. _____

15. *Enviaron* los muebles por barco. _____

16. *Castigaron* a los niños por jugar a la pelota en la calle. _____

_____

17. *Multaron* al chófer por exceso de velocidad. _____

_____

18. *Pintaron* la casa dos veces este año. _____

Worksheet 1.12 Passive voice—future

➤ Rewrite the following future tense sentences in the future passive voice.

1. Elena *preparará* la comida. _____ La comida será preparada por Elena. _____

2. Un arquitecto colombiano *hará* los planos. _____

3. La secretaria *escribirá* las cartas a máquina. _____

4. Lo *recibirán* a usted con muchas atenciones. _____

   _____

5. La *tratarán* a ella con mucho respeto. _____

6. Pablo *pondrá* todos los papeles en orden. _____

7. Rosario y Cecilia *traerán* todas las cosas necesarias. _____

   _____

8. *Sentenciarán* al hombre a dos años de cárcel. _____

9. *Terminarán* el trabajo en enero. _____

10. Pronto *usarán* este nuevo aparato eléctrico en todas partes. _____

    _____

11. Los artistas siempre *estudiarán* los cuadros de Velázquez. _____

    _____

12. De Italia *traerán* todos los mosaicos para el edificio nuevo._____

    _____

13. *Publicarán* el libro el mes que viene. _____

14. Una compañía alemana *construirá* el nuevo puente. _____

    _____

15. *Anunciarán* la exhibición de obras de arte en el periódico. _____

    _____

16. El director *dará* los premios a los mejores alumnos. _____

    _____

17. El 2 de enero *inaugurarán* la nueva escuela. _____

    _____

18. Raquel *enviará* los paquetes por avión. _____

    _____

Worksheet 1.13 Passive voice—present perfect

➤ The following sentences are in the present perfect tense, active voice. Rewrite them in the present perfect tense. passive voice. Remember to add the helping verb **ser.**

1. Por fin *han vendido* su casa. _____*Por fin su casa ha sido vendida.*_____

2. Todo el mundo *ha admirado* mucho a nuestro presidente. _____

   _____

3. *Han dicho* muchas cosas buenas acerca de él. _____

   _____

4. *Han terminado* la carretera nueva. _____

5. Muchos artistas *han copiado* los cuadros de Velázquez. _____

   _____

6. *Ya han aprobado* los planos para el nuevo edificio. _____

7. *Han entregado* los muebles que ordenamos hace tanto tiempo. _____

   _____

8. El fuego *ha destruido* toda la cocina. _____

9. *Han recibido* a nuestro embajador con muchos honores. _____

   _____

10. *Han capturado* a muchos ladrones. _____

11. Los policías *han arrestado* a mucha gente culpable. _____

    _____

12. *Han liberado* a varios inocentes. _____

13. *Hemos escrito* todas las cartas. _____

14. Ya *han despachado* por avión todos los paquetes grandes. _____

    _____

15. La criada *ha llevado* a los niños al parque. _____

16. *Han vacunado* a todos los estudiantes contra la influenza. _____

    _____

17. No *han encontrado* todavía al autor del delito. _____

18. *Han puesto* al niño en una escuela militar. _____

19. Ya *han anunciado* en el periódico la nueva exhibición de obras de arte. _____

    _____

20. *Han traído* flores de todas partes del mundo para la exposición. _____

    _____

Worksheet 1.14 Reflexive verbs in place of passive voice

Reflexive structures are used much more frequently in Spanish, especially where the subject is impersonal, inanimate, or relatively unimportant. The literal translations may seem strange, but are helpful in understanding the agreements:

EXAMPLES: **Se vende** el periódico aquí.   *The newspaper is sold here.*
                                                                  (Literally: The newspaper sells itself here.)

            Se venden los periódicos aquí.   *The newspapers are sold here.*
                                                                  (Literally: The newspapers sell themselves here.)

➤ Supply the reflexive form of the verbs in parentheses.

1. _____ (Verse) las legumbres muy frescas en este mercado.

2. _____ (Ofrecerse) las frutas a precio reducido.

3. Pero aquí no _____ (venderse) carne.

4. La carne _____ (comprarse) en otro mercado.

5. En la Argentina la elle _____ (pronunciarse) diferente.

6. _____ (Decirse) que el gaucho es un tipo pintoresco.

7. La música _____ (oírse) por todas partes.

8. El tango y la samba _____ (bailarse) en las fiestas.

9. En ese edificio _____ (alquilarse) apartamentos económicos.

10. Los apartamentos de lujo _____ (encontrarse) en otra calle.

11. Desde algunos apartamentos _____ (verse) las montañas.

12. Los más caros _____ (hallarse) frente al océano.

13. El béisbol _____ (llamarse) el pasatiempo nacional.

14. El béisbol _____ (popularizarse) mucho en la América Latina.

15. En México _____ (jugarse) hasta en los pueblos chicos.

16. Allí _____ (descubrirse) jugadores como Fernando Valenzuela.

17. La comida italiana _____ (prepararse) con mucho ajo.

18. Mucho cari _____ (agregarse) a las recetas indias.

19. En México _____ (ponerse) el cilantro en muchos platos.

20. La nacionalidad _____ (reconocerse) por los condimentos.

21. En México, la guitarra _____ (tocarse) mucho.

22. El acordeón _____ (oírse) con frecuencia en la Argentina.

23. El arpa _____ (usarse) mucho en Veracruz.

24. En Chiapas _____ (preferirse) la marimba.

Worksheet 1.15 Present participles

Present participles (**participios de presente**) are mostly used as in English. Like verbs, they may have objects, but they are used as adjectives, as adverbs, or in combination with to be (**estar**) to form the progressive tenses, which will be reviewed later. In Spanish, they are known as **gerundios.** Present participles are formed by adding **-ando** to the stem of **-ar** verbs and **-iendo** to the stem of **-er** and **-ir** verbs:

EXAMPLES: **habla   hablando**   **comer   comiendo**   **vivir   viviendo**

Note: Gerunds in English are equivalent to infinitives in Spanish:

EXAMPLE: ***Swimming*** *is good (for you).*   **Nadar** es bueno.

➤ In the blanks, supply the present participle of the following verbs.

1. vender _____
2. estudiar _____
3. terminar _____
4. hacer _____
5. poner _____
6. escribir _____
7. firmar _____
8. decorar _____
9. rezar _____
10. indicar _____
11. echar _____
12. pegar _____
13. llover _____
14. tocar _____
15. nadar _____
16. volar _____
17. beber _____
18. servir _____
19. crecer _____
20. usar _____
21. admirar _____
22. atacar _____

23. abrir _____
24. cerrar _____
25. comprar _____
26. esperar _____
27. acabar _____
28. necesitar _____
29. asistir _____
30. tener _____
31. trabajar _____
32. pasar _____
33. saber _____
34. conocer _____
35. recibir _____
36. querer _____
37. andar _____
38. lavarse _____
39. levantarse _____
40. dar _____
41. perder _____
42. llevar _____
43. nevar _____
44. patinar _____

Busqapalabras

Palabras revueltas

The following strange-looking words are actually two common words scrambled together. Look for the clue, then unscramble the words, and write them in the blank spaces.

1. T E R A G R O P O   (animals) _____

2. E U G A C H A L E   (beverages) _____

3. A V A P U R E   (fruits) _____

4. V A S O C R A L L E   (flowers) _____

5. O B A J O C O   (body parts) _____

6. S U F L A B A L D A   (apparel) _____

7. E S O C H I S O   (numbers) _____

8. H I M O J I P R A   (relatives) _____

9. C A B R A T O N T E O L   (buildings) _____

10. M O G R A L A   (water) _____

11. S O N A L A B A   (rooms) _____

12. T E N C H O C R E   (vehicles) _____

13. L L A N U S O   (heavenly bodies) _____

14. R E T O P A L D E N T O   (eating) _____

15. P O L O T A R A   (metals) _____

16. M A L A C I S L A   (furniture) _____

17. P R O M O B E L I A   (reading) _____

18. R E A L O A N A   (beach) _____

19. Z O R R A G R I T O   (grains) _____

20. T A C R O N D O D O   (titles) _____

Worksheet 1.16 Present progressive tense

The present progressive tense uses the present tense of the helping verb **estar** plus the present participle (**hablando, comiendo, viviendo**). The helping verb must agree in person and number with its subject. The participle does not change:

	singular		plural
yo	estoy hablando	nosotros(as)	estamos hablando
tú	estás hablando	vosotros(as)	estáis hablando
él, ella, usted	está hablando	ellos, ellas, usted	están hablando

➤ Supply the present progressive tense of the verbs in parentheses.

1. Yo _____ (hablar) con acento puertorriqueño.

2. Tú _____ (pronunciar) el español como los madrileños.

3. Ella _____ (estudiar) un vocabulario de mexicanismos.

4. Todos _____ (practicar) el habla de una manera u otra.

5. De esta manera _____ (aprender) a hablar mejor.

6. El perro_____ (ladrar).

7. El gato _____ (maullar).

8. El burro_____ (rebuznar).

9. Las ovejas_____ (balar).

10. Los caballos _____ (relinchar).

11. Yo _____ (pintar) un cuadro muy bonito.

12. Tú _____ (componer) una canción alegre.

13. Ella _____ (escribir) un poema romántico.

14. Ustedes _____ (leer) una novela de Unamuno.

15. Nosotros_____ (escuchar) el Himno nacional.

16. Los niños _____ (pedir) dinero de sus papás.

17. Ellos _____ (planear) ir juntos al cine.

18. Ellos _____ (escoger) una película que no han visto antes.

19. El más joven_____ (insistir) en ver un musical.

20. La mayor le_____ (explicar) que cierta comedia es mejor.

21. El zapatero _____ (trabajar) en la zapatería.

22. Los alumnos_____ (estudiar) en la biblioteca.

23. El jardinero_____ (plantar) rosas y claveles.

24. La criada_____ (barrer) el patio.

Worksheet 1.17 More on the present progressive tense

Note carefully that, contrary to English usage, Spanish restricts the present progressive tense to what is happening at the moment the speaker is speaking. You may not say literally in Spanish, for example, *I'm flying to New York next week*. If you say you *are flying*, you must be doing it now, not anticipating doing it later. The simple present tense, by contrast, can refer to repeated or anticipated actions:

EXAMPLES: **Juan come uvas.** *later, often, regularly, always, sometimes…*
  Juan está comiendo uvas. *right now (at this moment only)*

➤ Rewrite the verbs in the following sentences in the present progressive tense.

Todos los días … Ahora

1. Yo estudio matemáticas. _____

2. Yo aprendo conceptos un poco complicados. _____

3. Yo aplico las reglas de geometría. _____

4. Tú me ayudas con los problemas más difíciles. _____

5. Amalia toca el piano en un restaurante. _____

6. Los clientes piden sus canciones favoritas. _____

7. Ella gana mucho dinero en el restaurante. _____

8. También conoce a mucha gente interesante. _____

9. Llueve en la selva. _____

10. Nieva en las montañas. _____

11. Hace calor en el desierto. _____

12. La neblina se forma cerca del océano. _____

13. El carpintero construye un garaje. _____

14. La bibliotecaria arregla los libros. _____

15. Las enfermeras dan inyecciones. _____

16. Los soldados se entrenan para la defensa. _____

17. Mi hijo asiste a la escuela. _____

18. Mi esposa trabaja en un banco. _____

19. Mi hija escucha sus discos favoritos. _____

20. Nos divertimos de una manera u otra. _____

Worksheet 1.18 Present participle—irregular forms

Every present participle ends in **-ndo**. Irregularities in some stems of present participles may be classified as follows:

1. **-ir** verbs with stem changes in the third person of the preterite will have the same stem change in the present participle:

   EXAMPLES: servir → **sir**viendo   dormir → **dur**miendo

2. Whenever the addition of a verb ending results in an **-i-** between vowels, change the **-i-** to **-y**

   EXAMPLES: creer (cre+**ie**ndo) → creyendo   oir (o+**ie**ndo) → oyendo

   -ir, which has no stem, also changes **i** to **y**, resulting in **-yendo.**

3. **Poder, morir,** and **dormir** have the same stem vowel as in the preterite tense:

   EXAMPLES: poder → **pu**diendo   morir → **mu**riendo

➤ Supply the present progressive tense of the verbs in parentheses.

1. Yo sé que él _____ (decir) la verdad.

2. Ellos_____ (leer) unas revista mexicanas.

3. Él _____ (traer) la medicina directamente de Washington.

4. Dicen que el padre de Manuel _____ (morirse).

5. Todas las hojas de ese árbol _____ (caerse).

6. Los niños_____ (divertirse) mucho en el parque.

7. Tú _____ (repetir) las palabras de tu hermano.

8. Yo sé que su vecino _____ (mentir).

9. ¿De qué_____ (reírse) ellos tanto?

10. El niño_____ (pedir) dulces a su abuelo.

11. No haga tanto ruido. El niño _____ (dormir).

12. ¿Cuál de esos camareros nos_____ (servir)?

13. Todos_____ (oír) por radio el discurso del presidente.

14. Nosotros _____ (repetir) el curso como repaso.

15. Tú _____ (vestirse) para el baile.

16. Esa casa_____ (caerse).

17. Pedro_____ (pedir) un aumento de sueldo.

18. Todo el mundo _____ (reírse) del chiste de Luis.

19. Hace días que Rafael no_____ (sentirse) bien.

20. El perro _____ (dormir) debajo del sofá.

Worksheet 1.19 Participles as adjectives and adverbs

Present participles may also function as adverbs (describing how an action is performed) or as adjectives (modifying the subject of the sentence), but their **-ndo** ending never changes. They may be modified by an adverb (**corriendo rápidamente**) or may have an object (**reconociendo a Juana**).

EXAMPLES: **Hablando francamente**, yo no tengo ningún interés en ir allí.
No **teniendo nada** más interesante que hacer, nos fuimos al cine.

➤ Supply the present participles of the verbs in parentheses.

1. Se lo regalé, _____ (pensar) que pudiera serle útil.

2. Agradeció el regalo _____ (abrazar) al amigo.

3. Vi al muchacho _____ (sonreír) con agrado.

4. _____ (Admirar) su obra, el pintor quedó satisfecho.

5. La firmó _____ (pensar) a quién se la vendería.

6. No _____ (tener) ningún comprador, la guardó.

7. Comencé a _____ (ganar) buen sueldo.

8. Ahorro mucho _____ (gastar) lo menos posible.

9. _____ (Invertir) cuidadosamente, crecerá mi capital.

10. _____ (Decir) que se sentía mal, se fue a su casa.

11. _____ (Descansar) bien por unos días, sanará pronto.

12. No _____ (tener) nada que hacer en casa, se aburrió.

13. _____ (Disculparse) mucho por su demora, al fin lo entregó.

14. _____ (Examinar) detenidamente el informe, decide aceptarlo.

15. _____ (Pagar) pronto y bien, consigo lo mejor.

16. _____ (Ver) que el autobús no llegaba, decide tomar un taxi.

17. Vi a un amigo _____ (cruzar) la calle en dirección opuesta.

18. Lo llama _____ (pensar) que podríamos ir juntos en taxi.

19. _____ (Ser) rico y guapo, Juanito tiene muchas admiradores.

20. _____ (Tener) de todo, aún no está conforme.

21. _____ (Conocer) bien el caso, el matrimonio le hará bien.

22. _____ (Presentir) que algo pasaba, la llamé.

23. _____ (Llorar) amargamente, me contó lo que había pasado.

24. No _____ (saber) yo que aconsejarle, simplemente le escuché pacientemente y sugerí que se calmara.

General review

➤ Choose the correct form and write it in the blank.

1. No se _____ (vende, venden) periódicos en esa tienda.

2. Hay _____ (tantos, tantas) niñas como niños en esta clase.

3. La casa ha sido _____ (rodeado, rodeada) por la policía.

4. ¿Cómo se _____ (dice, decir) en español dry cleaner's?

5. Nosotros fuimos _____ (recibidos, recibidas) con entusiasmo.

6. Tú eres una persona muy _____ (trabajador, trabajadora).

7. ¿Cuánto tiempo _____ (hace, haces) que estudias español?

8. ¿Cuál es el _____ (tercer, tercero) día de la semana?

9. Todas las ventanas estaban _____ (abiertos, abiertas).

10. Al entrar, Raúl se quitó _____ (el sombrero, su sombrero).

11. Empezaron _____ (estudiar, a estudiar) español este año.

12. Tu padre _____ (levanta, se levanta) siempre a la misma hora.

13. La carne que sirvieron estaba mal _____ (cocinado, cocinada).

14. ¡Silencio! La niña _____ (dormida, está durmiendo).

15. La niña está aprendiendo _____ (caminar, a caminar).

16. Ella domina perfectamente la lengua _____ (francés, francesa).

17. El maestro _____ (sabe, conoce) las obras de Shakespeare.

18. ¿De qué país es _____ (Habana, La Habana) la capital?

19. Ahora tiene muy _____ (poco, poca) dificultad en entendernos.

20. Francisco _____ (parece, se parece) mucho a su madre.

21. Ayer me acompañó _____ (senor González, el señor González).

22. Ella es la alumna más inteligente _____ (de, en) la clase.

23. Dicen que el amigo de Pilar _____ (es, está) muy enfermo.

24. Mañana tengo que _____ (levantar, levantarme) muy temprano.

Part 2

Contents

Worksheet 2.1 Past progressive tense

The past progressive tense describes an action that took place or was taking place with reference to some point in the past. It combines the imperfect of **estar** and the present participle:

Singular		Plural	
yo	estaba hablando	nosotros(as)	estabámos hablando
tú	estabas hablando	vosotros(as)	estabais hablando
él, ella, usted	estaba hablando	ellos, ellas, ustedes	estaban hablando

➤ Supply the past progressive tense of the verbs in parentheses.

1. Cuando yo llegué, tú ya me _____ (esperar).

2. Te expliqué que yo _____ (trabajar).

3. Ella dijo que _____ (morirse) de hambre.

4. A las ocho, ya _____ (comer) en el restaurante.

5. Ana se enfermó cuando _____ (viajar) en México.

6. Ella nos dijo que _____ (tomar) el agua del grifo.

7. No sé por qué ella no _____ (tomar) más precauciones.

8. Sus amigas en cambio sólo _____ (usar) agua filtrada.

9. A las siete de la mañana, me _____ (bañar).

10. A las siete y media, _____ (preparar) el dsayuno.

11. A las ocho _____ (saludar) a mi patrón.

12. A las cinco de la tarde _____ (regresar) a casa.

13. Durante las fiestas yo _____ (reparar) mi coche.

14. El lunes, yo _____ (reemplazar) las bujías.

15. El martes, yo _____ (cambiar) el aceite.

16. El miércoles, yo _____ (ajustando) los frenos.

17. En marzo, yo _____ (viajar) en el Oriente.

18. En mayo, yo _____ (buscar) trabajo como intérprete.

19. En junio, yo _____ (trabajar) en las Naciones Unidas.

20. En julio, yo _____ (buscar) casa en Nueva York.

21. Cuando me caí, _____ (jugar) al fútbol en el parque.

22. Cuando chocaste, _____ (manejar) sin mucha práctica.

23. Cuando se casó, ella _____ (vivir) en Chihuahua.

24. Cuando ustedes salieron, nosotros _____ (dormir).

Worksheet 2.2 More on past progressive tense

The past progressive tense is used similarly to the imperfect tense but it seems to place more emphasis on the feeling that an action already in motion is interrupted by a shorter action of briefer duration (indicated by a preterite). In both of the following examples, one action was interrupted by another.

EXAMPLE: IMPERFECT: Cuando Juan llegó, yo **preparaba** mis lecciones.
PAST PROGRESSIVE: Cuando Juan llegó, yo **estaba preparando** mis lecciones

➤ Change the verbs in italics to the past progressive tense.

1. Los niños *jugaban* en el parque cuando pasé por allí. _____

2. Él *viajaba* por Francia cuando empezó la guerra. _____

3. Tú *dormías* profundamente cuando sonó el teléfono. _____

4. *Comíamos* tranquilamente cuando llegó el telegrama. _____

5. El accidente ocurrió mientras *viajaban* a Chicago. _____

6. Mientras *esperábamos* un taxi, tú pasaste en coche. _____

7. Cuando los vi en la tienda, ustedes *conversaban*. _____

8. El ladrón *trataba* de entrar cuando vino la policía. _____

9. *Llovía* a cántaros cuando salí de casa esta mañana. _____

10. Mientras él *actuaba* en París, contrajo matrimonio. _____

11. Mientras *jugaba* a la pelota, Eduardo se lastimó. _____

12. Cuando el jefe entró, ya *trabajábamos* mucho. _____

13. Yo no entendí ni una palabra de lo que me *decías*. _____

14. Fernando dijo que *hacía* más viajes que antes. _____

15. ¿Qué *hacían* los alumnos cuando llegó el maestro? _____

16. Me di cuenta de que Dolores no *comía* casi nada. _____

17. Mientras me *hablaba*, reconocí la mentira. _____

18. Cuando por fin llegué, el profesor *pasaba* lista. _____

19. El padre de Ramón *discutía* contigo en ese momento. _____

20. La lavandera *lavaba* ropa en el río cuando la vi. _____

21. Supe que él *tenía* dificultad en obtener el préstamo. _____

22. El acusado confesó cuando lo *interrogaban*. _____

23. Mientras *veía* las caricaturas, me eché a reír a carcajadas. _____

24. A las diez, los mariachis *cantaban* "La golondrina." _____

Worksheet 2.3 Present perfect progressive tense

The present perfect progressive tense describes an action that has been in progress with reference to another action. It uses the present perfect tense of **estar** plus the present participle.

EXAMPLE: Él **ha estado trabajando** muy bien últimamente.
He has been working very well lately.

➤ Supply the present perfect progressive tense of the verbs in parentheses.

1. Él _____ (dormir) toda la tarde.

2. Ellos _____ (ver) televisión desde el mediodía.

3. Los niños _____ (jugar) en el parque toda la tarde.

4. Tú _____ (hablar) más de una hora sin parar.

5. Hoy tú _____ (estudiar) las formas de la voz pasiva.

6. Yo _____ (buscar) mis llaves por todas partes.

7. Carmen _____ (bailar) con el mexicano toda la noche.

8. La pobre criada _____ (limpiar) todo el día.

9. Tú _____ (hacer) mucho ruido en el patio.

10. Sus padres los _____ (llamar) por diez minutos.

Worksheet 2.4 Present participles with object pronouns

In the progressive tenses, object pronouns may be placed in front of the helping verb and unattached, or they may be attached to the end of the present participle, creating the need for a written accent mark.

EXAMPLE: Él **nos estaba dando** el regalo.   Él **estaba dándonos** el regalo.

The same rules apply when two object pronouns are used together, bearing in mind that the indirect object always precedes the direct object.

EXAMPLE: Él **nos lo** estaba dando.   Él estaba **dándonoslo.**

➤ Attach the object pronouns to the present participle and write the complete progressive tense of the verb.

1. Yo le estaba explicando la lección. _____

2. Él no me estaba escuchando. _____

3. Yo te estoy mostrando una revista. _____

4. Tú la estás leyendo con mucho interés. _____

5. Ellos me están contestando las preguntas. _____

6. Usted no me las está contestando correctamente. _____

7. Juana nos está resolviendo un problema. _____

8. Ella lo está haciendo perfectamente. _____

9. Juan me está escribiendo una carta en inglés. _____

10. Lola me la está escribiendo en español. _____

11. Ricardo me estaba diciendo las respuestas. _____

12. Yo se las estaba repitiendo claramente. _____

13. Tú me estabas revisando los papeles. _____

14. Después me los estabas arreglando. _____

15. Yo me estaba limpiando los zapatos. _____

16. Mañana temprano me los estaré limpiando otra vez. _____

17. Te estoy copiando la tarea de hoy. _____

18. ¿Por qué no lo estabas haciendo tú? _____

19. La directora me estaba felicitando. _____

20. ¡Qué suerte! A mí me estaba castigando. _____

21. ¿Usted nos estará dando el examen mañana? _____

22. No, el Sr. Ortíz les estará dando el examen mañana. _____

Worksheet 2.5 More on present participles with object pronouns

In the previous exercise we practiced moving object pronouns from left to right of the verb, attaching them to the present participles. In this exercise we shall do the opposite, detaching them from the present participle and placing them before the helping verb.

EXAMPLE: Estaba explicándo**noslos.**
            Nos los estaba explicando.

➤ Supply the object pronoun(s), followed by the complete verb of the sentence.

1. Maestra, Tito está robándome el lápiz. _____

2. ¡Mentira! Yo no estoy robándotelo. _____

3. Yo estoy explicándote las reglas del deletreo. _____

4. Anoche estaba explicándomelas Papá. _____

5. Ayer estaba escribiéndome el alfabeto. _____

6. Hoy está enseñándomelo. _____

7. Tu secretaria está preparándonos los contratos. _____

8. Mañana estaremos firmándolos. _____

9. La mecanógrafa está tomándome dictado de una carta. _____

10. Más tarde estará escribiéndomela a máquina. _____

11. ¿Por qué no estás comprándome la bicicleta? _____

12. Estaré comprándotela para tu cumpleaños. _____

13. Raúl está afinándome la guitarra. _____

14. ¡Qué milagro si está afinándotela correctamente! _____

15. ¿Por qué estabas comprándote esos guantes? _____

16. Estaré poniéndomelos para esquiar. _____

17. ¿Has estado construyéndote un garaje? _____

18. Sí, he estado construyéndomelo de estuco. _____

19. ¿Quién está pintándote la casa? _____

20. Mi cuñado está pintándomela. _____

21. Miguel está escribiéndonos una bonita canción. _____

22. Claro. Estará cantándonosla en nuestra boda. _____

23. María anda diciéndonos mentiras. _____

24. Y tú sigues repitiéndonoslas. _____

Worksheet 2.6 *Para* and *por*

Although both may have other meanings, the most common meaning of both **para** and **por** is *for*. To avoid making the wrong selection, remember that **para** looks ahead and **por** looks back:

EXAMPLES:

para	*looking ahead*
La taza es **para** café.	*The cup is for coffee (but it's empty at present).*
El libro es **para** Juan.	*The book is for John (but he doesn't have it yet).*
Está aquí **para** aprender español.	*He's here to learn Spanish (but he hasn't learned it yet).*
Salió **para** Madrid.	*He left for Madrid (but he's not there yet).*

por	*looking back [for, in exchange for]*
Lo hago **por** Mamá.	*I'm doing it for Mother (due to a preexisting need).*
Trabajo **por** Miguel.	*I work for Michael (in his place, because he's sick).*
Le di un dólar **por** la revista.	*I gave him a dollar for the magazine (not yet mine).*

por	*looking back [through, by, per]*
El ladrón entró **por** la ventana.	*The thief entered by the window (already done).*
Tomaré al niño **por** la mano.	*I took the child by the hand (already done).*
Fue pintado **por** Picasso.	*It was painted by Picasso (the painting is finished).*
Los impuestos representan el diez **por** ciento.	*Taxes represent ten per cent (of already established amount).*

➤ Supply **para** or **por**, as needed, for the completion of the sentence.

1. Blanca salió ayer _____ Santiago.

2. Ellos compraron todos estos libros _____ mí.

3. Tenemos que enviar estas cartas _____ correo aéreo.

4. Nunca he leído ningún libro _____ escrito.

5. Tienes que comprar varias lámparas _____ tu nuevo apartamento.

6. Estando cerrada la puerta, tuvimos que entrar _____ la ventana.

7. Fui al Centro Gallego _____ ver la exposición de automóviles.

8. El presidente fue aclamado _____ la multitud.

9. Este edificio tiene una piscina pequeña _____ los niños.

10. Recibimos la noticia _____ la tarde.

11. Me multaron veinte _____ ciento del costo.

12. El canario salió _____ la puerta entreabierta.

13. Vino aquí de Colombia _____ trabajar como dibujante técnico.

14. El puente fue diseñado _____ un arquitecto alemán.

15. Durante el fin de semana me quedé en casa _____ estudiar.

16. Jaime compró un diamante _____ su esposa.

Worksheet 2.7 More on *para* and *por*

Set expressions require **para** or **por**.

EXAMPLES: estar listo **para**   to be ready to…
             servir **para**   to be worth…, to be useful for…
             estudiar **para**   to study to be a…
             para vivir   in order to live
             pequeño **para** su edad   small for his age
             por la mañana   in the morning
             por lo general   in general
             por eso, por lo tanto, **por** consiguiente   therefore, accordingly

The concept of looking ahead or looking back still applies.

➤ Supply **para** or **por,** as needed, to complete each sentence.

1. Ella nunca está en casa _____ la noche.

2. Ella nunca está en casa _____ cenar.

3. Esta pluma no sirve _____ nada.

4. No cambio esta pluma _____ nada.

5. Catalina compró un reloj _____ su padre.

6. Catalina compró un reloj _____ ochenta dólares.

7. Tú fuiste a Honduras _____ tres meses.

8. Tú fuiste a Honduras _____ una fiesta religiosa.

9. Las flores son _____ su amabilidad.

10. Las flores son _____ la profesora de geometría.

11. Mi vecino está enfermo. Voy a trabajar _____ él.

12. Mi vecino es el patrón. Yo trabajo _____ él.

13. El dólar es _____ la camarera.

14. El otro dólar es _____ la cajera.

15. Mamá no puede ir a la tienda. Yo voy _____ ella.

16. Mamá está en el aeropuerto. Yo voy _____ ella.

17. Habrá una elección _____ presidente.

18. Habrá una elección _____ los miembros del gabinete.

19. Yo he trabajado _____ muchos años.

20. Yo he trabajado _____ muchos patrones.

21. Tú recibes veinte _____ ciento de las ganancias.

22. Veinte por ciento de las ganancias son _____ ti.

23. La canasta es _____ las manzanas.

24. Las compré _____ tres dólares.

25. Te debo una carta; _____ eso, te estoy escribiendo.

26. Escribes muy bien _____ tener sólo once años.

Worksheet 2.8 Present tense of -*uir* verbs

Verbs ending in **-uir** such as **incluir, huir, destruir, construir, distribuir,** (but not **-guir, -quir**), add **-y** to the present tense before all endings, except endings which begin with **i*** (first and second person plural):

huir			
yo	huyo	nosotros(as)	huimos*
tu	huyes	vosotros(as)	huis*
él, ella, usted	huye	ellos, ellas, ustedes	huyen

incluir			
yo	incluyo	nosotros(as)	incluimos*
tú	incluyes	vosotros(as)	incluis*
él, ella, usted	incluye	ellos, ellas, ustedes	incluyen

➤ Supply the correct present tense of the verbs in parentheses.

1. Usted _____ (construir) frases muy interesantes.

2. Me gusta sobre todo como usted _____ (concluir) el párrafo.

3. Ese escritor _____ (atribuir) su éxito a sus estudios en Madrid.

4. Lope de Vega y Calderón de la Barca lo _____ (influir) mucho.

5. Mucha agua _____ (fluir) en ese arroyo, normalmente seco.

6. Los ríos _____ (contribuir) agua a las lluvias.

7. El maestro nos _____ (instruir) sobre la poesía romántica.

8. La tarea _____ (incluir) un poema de Rosalía de Castro.

9. En España se _____ (construir) catedrales enormes.

10. Ni los siglos _____ (destruir) esas obras arquitectónicas.

11. Cerrando la ventana, yo _____ (disminuir) el ruido de afuera.

12. El silencio _____ (contribuir) a mi descanso.

13. ¿A qué _____ (atribuir) usted su gran talento de bailarina?

14. La maestra me _____ (instruir) en cada aspecto de mi carrera.

15. ¿Cómo _____ (distribuir) ustedes los periódicos?

16. Nosotros los _____ (distribuir) en nuestras bicicletas.

17. Los antisépticos _____ (destruir) muchos microbios.

18. Muchas curas se _____ (atribuir) al uso de antisépticos.

19. Los venados _____ (huir) de los cazadores.

20. El número de venados _____ (disminuir) anualmente.

21. El concierto _____ (incluir) una obra de Albéniz.

22. El pianista se _____ (distinguir) mucho en este concierto.

Worksheet 2.9 Preterite/progressive tenses of -*uir* verbs

Verbs ending in -**uir** (but not -**guir, -quir**) add **y** before the ending of preterite tense forms, in the third person only.*

huir			
yo	hui	nosotros(as)	huimos
tú	huiste	vosotros(as)	huisteis
él, ella, usted	huyó*	ellos, ellas, ustedes	huyeron*

incluir			
yo	incluí	nosotros(as)	incluimos
tú	incluiste	vosotros(as)	incluisteis
él, ella, usted	incluyó*	ellos, ellas, ustedes	incluyeron*

➤ Supply the preterite tense of the verbs in parentheses.

1. Los conquistadores _____ (destruir) mucho arte azteca.

2. El capitán Alvarado _____ (huir) de Tenochtitlán.

3. Los aztecas _____ (construir) pirámides y acueductos.

4. Los españoles los _____ (instruir) en su religión.

5. El éxito de Cortés se _____ (atribuir) en parte a La Malinche.

6. La conquista se _____ (concluir) con la ayuda de ella.

7. Moctezuma _____ (incluir) mucho oro entre sus tesoros.

8. Los indios _____ (distribuir) el oro entre los caciques.

9. El número de indios _____ (disminuir) después de la conquista.

10. Las enfermedades europeas _____ (contribuir) a muchas muertes.

An -**y**- is also introduced in the present participle of those same -**uir** verbs that change in the present and preterite.

EXAMPLES:	INFINITIVE	PRESENT PARTICIPLE
	atribuir	**atribuyendo**
	huir	**huyendo**

Verbs ending in -**eer** and -**aer** also follow this pattern.

EXAMPLES:	INFINITIVE	PRESENT PARTICIPLE
	poseer	**poseyendo**
	traer	**trayendo**

➤ Supply the present participle of the verbs in parentheses.

1. La medicina está _____ (contribuir) mucho a nuestra salud.

2. La Cruz Roja la está _____ (distribuir) mundialmente.

3. Estaba _____ (huir) del perro cuando me mordió.

4. Ahora estoy _____ (instruir) el perro a no morder.

5. La poetisa está _____ (incluir) algunas obras románticas.

6. Ella está _____ (concluir) la conferencia con un chiste.

7. Roberto se está _____ (distinguir) mucho en la política.

8. Gracias a él, estamos _____ (construir) una biblioteca nueva.

9. En su plato estoy _____ (incluir) maíz.

10. Porque usted lo pidió, estoy _____ (sustituir) los guisantes.

Worksheet 2.10 Preterite tense and commands of -*gar* verbs

A silent -**u**- is placed between the stem of -*gar* verbs and the -**e** ending of the first-person singular, preterite tense. This silent -**u** is necessary to retain the hard quality of the **g**. Otherwise the Spanish **g** is pronounced the same as Spanish **j** before **e** or **i** (**general, ginebra**). The same applies to the -**e** and -**en** polite command endings. Spelling adjustments to verbs are often called *orthographical changes*.

EXAMPLE: pagar

Preterite	Polite Command	Familiar Command
pa**gué**, pagaste, pagó	pa**gue**	no pa**gues**
pagamos, (pagasteis), pagaron	pa**guen**	no pa**guen**

➤ Supply the preterite tense or command form of the verbs in parentheses.

1. Señor Ruiz, pida y _____ (pagar) la cuenta, por favor.

2. Ayer varios estudiantes _____ (llegar) tarde a clase.

3. Yo _____ (jugar) a tenis contra mi vecino, Ricardo.

4. La policía _____ (investigar) las circunstancias del robo.

5. Yo _____ (fregar) casi todos los cristales ayer.

6. Nosotros_____ (regar) el césped anoche.

7. María, _____ (entregar) un dólar al cartero y pida un recibo.

8. Yo _____ (investigar) las causas por tres horas ayer.

9. ¿Cuánto _____ (pagar) usted por su libro de álgebra?

10. Benito, no _____ (pegar) a los otros niños en la escuela.

11. Los soldados _____ (vengar) la captura del coronel.

12. Yo _____ (colgar) mi chaqueta en el ropero de tu casa.

13. Señor Cisneros, _____ (pagar) lo que le prestó el banco.

14. Cuando dijiste que soy pobre, yo no lo _____ (negar).

15. Lorca escribió sobre un niño que se_____ (ahogar) en un pozo.

16. Yo _____ (castigar) muy ligeramente a mi hijo travieso.

17. Señora, no _____ (entregar) sus ahorros a esos señores.

18. Nosotros_____ (llegar) más temprano que de costumbre.

19. Yo _____ (pagar) la cuenta cuando comimos en el restaurante.

20. ¿Por qué no _____ (investigar) tú la causa del accidente?

21. Buena inversión o no, yo no _____ (arriesgar) mi dinero.

22. Niños, _____ (apagar) las luces.

Worksheet 2.11 Preterite tense and commands of *-car* verbs

The letter **c** is pronounced the same as **s** before the letters **i** and **e**. To retain the hard [**k**] sound in **-car** verbs, **c** is changed to **qu** before **e** or **i** endings:

EXAMPLE: sacar

Preterite	Polite Command	Familiar Command
sa**qué**, sacaste, sacó	sa**que**	no sa**ques**
sacamos, (sacasteis), sacaron	sa**quen**	no sa**quen**

➤ Supply the preterite or command form of the verbs in parentheses.

1. Yo _____ (sacar) buenas notas en todas mis asignaturas.

2. Los marineros _____ (identificar) a muchos piratas.

3. La niña _____ (brincar) con sus amigas en el parque.

4. Muchachos, no _____ (pescar) en este lado del río.

5. Todas las fotos que yo _____ (sacar) ayer salieron mal.

6. Por favor, _____ (indicar) el camino para el aeropuerto.

7. Anteayer yo me _____ (dislocar) el hombro jugando a pelota.

8. La grúa _____ (remolcar) tu coche hasta el taller mecánico.

9. Señor, _____ (comunicar) sus quejas directamente al gerente.

10. Evita, no _____ (colocar) el gato en el sofá.

11. Los Pérez _____ (embarcarse) el mes pasado para Chile.

12. Mi hermana lavó los platos y yo los _____ (secar).

13. Yo me _____ (educar) muy bien en las escuelas públicas.

14. Papá _____ (roncar) tanto anoche que yo no pude dormir.

15. El caballo _____ (brincar) las dos cercas con gran agilidad.

16. Tomasito, no _____ (tocar) el pastel que hice para la fiesta.

17. El testigo _____ (identificar) en seguida al acusado.

18. ¿Maestra, que _____ (significar) el verbo *saquear*?

19. Yo _____ (sacar) buenas notas cuando estudié en la Argentina.

20. Maestro, _____ (tocar) la guitarra en la fiesta, por favor.

21. Yo _____ (masticar) esa carne con gran dificultad.

22. Los muchachos ya _____ (cascar) todas las nueces.

Worksheet 2.12 Present tense and commands of -ger, -gir, -guir verbs

As in English, the letter **g** is pronounced differently before the letters **-e** and **-i**. In Spanish, this **g** is pronounced the same as Spanish **j**. To preserve this **j** sound throughout the conjugation of **-ger** and **-gir** verbs, Spanish changes the **g** to **j** before verb endings that begin with **a** or **o**.

EXAMPLES: recoger

Preterite	Polite Command	Familiar Command
reco**jo**, recoges, recoge	reco**ja**	no reco**jas**
recogemos, (recogéis), recogen	reco**jan**	no reco**jan**
dirigir		
diri**jo**, diriges, dirige	diri**jan**	diri**jas**
dirigimos, (dirigís), dirigen	diri**jan**	no diri**jan**

Because the letter **u** would not be silent in the **-o** and **-a(n)** endings of **-guir** verbs, the **u** is dropped:

EXAMPLE: seguir

si**go**, sigues, sigue	si**ga**	no si**gas**
seguimos, (seguís), siguen	si**gan**	no si**gan**

➤ Supply the present tense or the command form of the verb in parentheses.

1. Yo siempre _____ (escoger) a mis amigos con mucho cuidado.

2. El capitán _____ (dirigir) el barco hacia el muelle.

3. Según el optometrista, yo no _____ (distinguir) bien los colores.

4. ¿Dónde _____ (conseguir) usted estas manzanas tan sabrosas?

5. En vez de contestarme, ella se _____ (encoger) de hombros.

6. Sí, _____ (seguir) usted esta carretera hasta la capital.

7. El niño _____ (fingir) hambre para pedir dulces.

8. Olivier se _____ (distinguir) mucho en el papel de Hamlet.

9. Muchachos, _____ (corregir) sus exámenes antes de salir.

10. Yo _____ (recoger) todas las hojas que cayeron del árbol.

11. Los mellizos _____ (escoger) bicicletas idénticas.

12. Yo casi nunca _____ (coger) resfriado en el verano.

13. Ella _____ (seguir) asistiendo a las clases de carpintería.

14. ¿En qué mes del año _____ (recoger) ellos las cerezas?

15. Algunos dictadores _____ (perseguir) a sus críticos.

16. Yo _____ (dirigir) la orquesta cuando el maestro estaba ausente.

17. Niños, _____ (recoger) ustedes los juguetes que no se usan.

18. Mi hija, no _____ (fingir) compasión si no es genuina.

Worksheet 2.13 Preterite tense and commands of *-zar* verbs

Although **z** is pronounced the same as **c** before **e** or **i,** Spanish prefers to change **z** to **c** before verb endings beginning with **e** or **i:**

EXAMPLE: danzar

Preterite	Polite Command	Familiar Command
dan**cé**, danzaste, danzó	dan**ce**	no dan**ces**
danzamos (danzasteis) danzaron	dan**cen**	no dan**cen**

➤ Supply the preterite tense or command form of the verbs in parentheses.

1. La orquesta _____ (empezar) a tocar a las ocho de la noche.

2. Nosotros _____ (danzar) hasta la una de la mañana.

3. Cuando yo _____ (bostezar), dejamos de bailar.

4. Salí de casa a las dos y _____ (alcanzar) el autobús de las tres.

5. Yo _____ (cruzar) gran parte de la ciudad antes de llegar.

6. Cuando abriste la puerta, nos _____ (abrazar).

7. Yo _____ (comenzar) a jugar al béisbol en abril del año pasado.

8. Yo _____ (realizar) mis sueños de ser lanzador.

9. Ayer yo _____ (lanzar) muy bien, pero el otro equipo ganó.

10. Los indios _____ (cazar) animales con flechas o cuchillos.

11. Los vaqueros _____ (lazar) mucho ganado.

12. Los pioneros _____ (utilizar) sus rifles para cazar.

13. Ayer Alicia _____ (avanzar) a la escuela secundaria.

14. Su madre le _____ (rizar) el pelo antes de la ceremonia.

15. Alicia _____ (gozar) mucho de tanta atención.

16. Muchos científicos se _____ (especializar).

17. Los ingenieros _____ (industrializar) nuestra civilización.

18. La maquinaria _____ (pasteurizar) los productos de la leche.

19. Sanford Cluett _____ (sanforizar) nuestra ropa.

20. Los sicólogos nos _____ (hipnotizar) y nos curaron de miedos

21. Los historiadores _____ (dramatizan) esos descubrimientos.

22. Si usted va a la iglesia, _____ (rezar) por nosotros.

23. Cuando juegas al béisbol, _____ (lanzar) lo mejor posible.

24. En tiempo de guerra, no _____ (fraternizar) ustedes con nuestros enemigos.

Vocabulary check-up: opposites

➤ Supply the opposites of the following words and phrases.

Name: _____ Date: _____

1. alegre _____
2. antes _____
3. pesado _____
4. delante _____
5. por encima _____
6. duro _____
7. caro _____
8. dentro _____
9. despierto _____
10. abrir _____
11. entrar _____
12. agradable _____
13. culpable _____
14. preguntar _____
15. tragedia _____
16. grueso _____
17. subir _____
18. cerca _____
19. ancho _____
20. dulce _____
21. lentamente _____
22. aumentar _____
23. admitir _____
24. cortés _____
25. cuidadoso _____

26. recordar _____
27. temprano _____
28. feo _____
29. fácil _____
30. suave _____
31. mayor _____
32. tranquilo _____
33. seco _____
34. apretado _____
35. complicado _____
36. vacío _____
37. cómodo _____
38. útil _____
39. alto _____
40. todo el mundo _____
41. fuerte _____
42. sucio _____
43. ausente _____
44. mejor _____
45. debajo de _____
46. perder _____
47. oscuro _____
48. a menudo _____
49. futuro _____
50. joven _____

Laberinto de palabras

➤ Las palabras de este laberinto representan quince ocupaciones.

ENGLISH   SPANISH

1. actress   __ __ __ __ __ __

2. athlete   __ __ __ __ __ __

3. baker   __ __ __ __ __ __ __ __

4. cook   __ __ __ __ __ __ __

5. doctor   __ __ __ __ __ __

6. lawyer   __ __ __ __ __ __ __

7. nurse   __ __ __ __ __ __ __ __

8. painter   __ __ __ __ __ __

9. pilot   __ __ __ __ __

10. poet   __ __ __ __ __

11. police officer __ __ __ __ __ __ __

12. salesman   __ __ __ __ __ __ __

13. tailor   __ __ __ __ __ __

14. waiter   __ __ __ __ __ __ __

15. writer   __ __ __ __ __ __

Indefinite articles

➤ Supply the correct definite article [**el, la, los, las**].

1. Él duerme _____ siesta todas las tardes.

2. Tú vas a _____ iglesia casi diariamente.

3. Siempre vamos a la playa _____ domingos.

4. Yo prefiero estos ejercicios a _____ del otro libro.

5. Ayer hablé con _____ señor González sobre ese asunto.

6. Nuestro profesor de geometría es _____ señor Varona.

7. Todo el mundo debe lavarse _____ manos antes de comer.

8. _____ café es el producto principal de exportación de Colombia.

9. Vamos a pasar nuestras vaciones en _____ Paz.

10. Tú pasaste seis meses en _____ Japón con tu familia.

11. Llegamos a Santiago de Chile a _____ dos y media.

12. Nuestra lección de dibujo empieza a _____ una y cuarto.

13. Después de aprender español, yo quiero estudiar _____ francés.

14. Dicen que _____ ruso es un idioma muy difícil de aprender.

15. En Tijuana hablan en _____ acento de esa región.

16. Me gustan todas las flores, pero especialmente _____ rosas.

17. Dicen que _____ vino estimula el apetito en muchas personas.

18. Ellos piensan pasar el mes de abril en _____ Argentina.

19. _____ Canadá se encuentra al norte de los Estados Unidos.

20. Ayer vi en la calle a _____ señora de Salas con sus hijos.

21. En general, _____ lana da más calor que el algodón.

22. Siempre venimos a _____ escuela en autobúus.

23. En _____ clase de historia hablamos solamente en español.

24. Un auto de _____ policía patrulla esa sección todas las noches.

25. _____ gramática española parece tan difícil como la inglesa.

26. Cuando visité el palacio no vi a su majestad _____ reina Isabel.

General review

➤ Choose the correct form and write it in the blank.

1. Compré estos dos libros _____ (por, para) un peso.

2. Ésta es una colección de poemas_____ (para, por) tu cumpleaños.

3. Voy a regalarle este otro _____ (a, al) señor Rodríguez.

4. Al entrar en el restaurante me quité _____ (mi, el) abrigo.

5. Lo _____ (colgué, colgó) al lado de la mesa.

6. Volví a_____ (ponerlo, ponérmelo) al salir.

7. Fui a tu casa, pero tú ya_____ (saliste, habías salido).

8. Ahora te ando _____ (buscado, buscando) en casa de tu hermana.

9. _____ (Tampoco, también) te encontré allí.

10. Papá _____ (puso, se puso) enojado cuando vio mis notas.

11. Tuve _____ (de, que) prometerle mejores notas para el futuro.

12. En junio _____ (había, habré) cumplido la promesa.

13. La decisión fue_____ (hecho, hecha) por la directora.

14. Los graduados tendrán _____ (un, una) baile tradicional.

15. Muchos estudiantes no estaban_____ (de, en) acuerdo.

16. Tengo que _____ (levantar, levantarme) muy temprano mañana.

17. Será mi _____ (primer, primero) día de trabajo en el banco.

18. Usted no sabe cuánto me importa_____ (esto, este) trabajo.

19. No tuve_____ (ningún, ninguna) dificultad en conocer a Luisa.

20. Ella y yo asistíamos _____ (a, en) la misma iglesia.

21. Yo la había _____ (visto, vista) allí todos los domingos.

General review

➤ Choose the correct forms or answers and write them in the blanks.

1. Si yo hago algo en seguida, lo hago: _____

   (más tarde, con poco interés, inmediatamente, lentamente).

2. De vez en cuando quiere decir: _____

   (temprano, nunca, ocasionalmente, con frecuencia).

3. A mediados de mayo quiere decir: _____

   (al principio de mayo, al final de mayo, alrededor del 15 de mayo).

4. Una de estas palabras es un participio pasado: _____

   (decir, puso, hecho, saliendo, estudiando).

5. Una de estas palabras puede ser un gerundio: _____

   (venir, estudiado, poniendo, leído, estudiante).

6. Una de estas palabras es femenina: _____

   (libro, mano, cuento, baile, autobús).

7. Una de estas palabras es masculina: _____

   (mapa, mesa, lección, carne, novela).

8. El negativo de también es: _____

   siempre, ninguno, tampoco, nada).

9. Uno de estos países requiere el artículo definido la: _____

   (Cuba, Venezuela, Argentina, Ecuador).

10. Uno de estos verbos es reflexivo: _____

    (echar, escribir, casarse, vivir, preferir).

11. Uno de estos verbos tiene el participio pasado irregular: _____

    (llamar, tratar, decir, salir).

12. Uno de estos verbos tiene el gerundio irregular: _____

    (ser, hacer, ir, estar).

13. Si tengo ganas de hacer una cosa, yo: _____

    (quiero hacerla, tengo que hacerla, la haré más tarde).

14. Si compro algo al contado, yo: _____

    (pago más tarde, dejo un depósito, pago en seguida, regateo).

15. Si alguien se disgusta, _____

    (se enferma, se enoja, se acuesta, se queda).

16. Si tengo sueño, deseo: _____

    (tomar algo, comer, dormir, salir).

17. Una de estas frases significa por supuesto: _____

    (no importa, desde luego, a propósito, a veces).

18. Una de estas frases significa sin embargo: _____

    (por eso, sin duda, no obstante, para siempre).

19. Lo opuesto de grueso es: _____

    (grande, angosto, haragán, delgado).

20. Si dejo de fumar, _____

    (sigo fumando, no fumo más, estaré fumando, nunca fumaba, fumaré a veces).

Part 3

Contents

Worksheet 3.1 Possessive adjectives/pronouns

Short possessive adjectives precede the nouns they modify; long ones follow them.

BEFORE (SHORT FORM)	AFTER (LONG FORM)
mi, mis	mío, mía, míos, mías
tú, tus	tuya, tuya, tuyos, tuyas
su, sus	suyo, suya, suyos, suyas
nuestro, nuestra, nuestros, nuestras	nuestro, nuestra, nuestros, nuestras
(vuestro, vuestra, vuestros, vuestras	vuestro, vuestra, vuestros, vuestras)
su, sus	suyo, suya, suyos, suyas

EXAMPLES: Es **mi libro.**   El libro es **mío.**

Note from the preceding examples that the long form may perform a double function (both adjective and pronoun). It modifies (and must agree with) the noun, while it may also replace the noun. Note also that it always agrees with the thing possessed, never with the person possessing it.

➤ Replace the italicized words with the correct form of the long possessive adjective.

1. Este lápiz es *mi lápiz.* _____

2. Esta pluma es *mi pluma.* _____

3. Estos juguetes no son *sus juguetes.* _____

4. Esta sombrilla amarilla es *mi sombrilla.* _____

5. ¿De quién es este cuaderno? ¿Es *de usted*? _____

6. Estos dos automóviles son *de Carlos.* _____

7. ¿Esta composición es *su composición*, verdad? _____

8. ¿De quién son estos libros? No son *nuestros libros.* _____

9. Este cuarto y el cuarto de al lado son *de nosotros.* _____

10. ¿Esta aula es *nuestra aula de clase*, no? _____

11. Parece que estos anteojos son *tus anteojos.* _____

12. Las dos casas, la blanca y la verde, son *de mi tío.* _____

13. Este abrigo no es *mi abrigo.* Es *de Elena.* _____

14. Aquel dinero que está en el armario es *de ellos.* _____

15. ¿De quién son *estas monedas*? ¿Son *mis monedas*? _____

16. ¿De quién son estos asientos? No son *de ustedes.* _____

17. Si los guantes no son *mis guantes*, ¿de quién son? _____

18. Yo creo que esta revista es *mi revista.* _____

19. La oficina de arriba es *tu oficina.* _____

20. Los planos para el rascacielos son *del arquitecto.* _____

21. La bufanda encima del sofá es *de la señora Chávez.* _____

Worksheet 3.2 More on possessive adjectives

➤ Substitute the verb **ser** for the verb **pertenecer**. Add the necessary possessive adjective (**mío**) to replace the prepositional pronoun (**a mí**).

1. Esta pluma *me pertenece a mí.* _____

2. Esos dos automóviles *le pertenecen a él.* _____

3. Ese abrigo elegante *le pertenece a la profesora.* _____

   _____

4. Estas bicicletas *nos pertenecen a nosotros.* _____

5. Creo que esta cartera *le peretenece a ti.* _____

6. Estas llaves *le pertenecen al señor Gómez.* _____

7. Estos cuadernos *les pertenecen a ellos.* _____

8. Este lapicero *me pertenece a mí.* _____

9. Ese par de guantes *le pertenece a ella.* _____

10. Este par *me pertenece a mí.* _____

11. Estas dos sombrillas *nos pertenecen a nosotros.* _____

    _____

12. ¿Esa cajetilla de cigarrillos *te pertenece a ti?* _____

13. ¿No *le pertenece a Teresa* esta pluma? _____

14. ¿No *les pertenecen* estos libros *a ustedes*? _____

15. Aquellos cuadernos *les pertenecen a ustedes.* _____

16. Esas dos bicicletas *les pertenecen a Rosa y a Elena.* _____

    _____

17. Este abrigo no *te pertenece a ti.* _____

18. Este escritorio *le pertenece al director.* _____

19. Aquella casa verde *le pertenece al señor Rojas.* _____

    _____

20. El automóvil inglés *le pertenece a él* también. _____

21. El espejo que rompiste *me perteneció a mí.* _____

    _____

22. Las maletas perdidas *nos pertenecieron a nosotros.* _____

    _____

Worksheet 3.3 Possessive pronouns

Mío, tuyo, suyo, nuestro, (vuestro), when preceded by the definite article, are always possessive pronouns. In reality, there is no difference; they are both "double antecedent" pronouns, which replace both the thing possessed and the person who possesses it. Example: In **nosotros tenemos la nuestra**, for example, **nuestra** stands for *us*, which is plural, but also replaces something we own, which is singular.

The long forms of the possessive pronoun are used for emphasis, since the short forms (**mi, tu, su, etc.**) must never be uttered strong.

> EXAMPLE: No es **tu** (*weak*) libro.
> Es el **mío** (*strong, emphasis for disputed ownership*).
> El **tuyo** es rojo; el **mío** es verde (*emphasis for contrast*).

When used emphatically, they are preceded by the definite article:

el mío	la mía	los míos	las mías	*mine*
el tuyo	la tuya	los tuyos	las tuyas	*yours*
el suyo	la suya	los suyos	las suyas	*yours, his, hers*
el nuestro	la nuestra	los nuestros	las nuestras	*ours*
(el vuestro	la vuestra	los vuestros	las vuestras	*yours)*
el suyo	la suya	los suyos	las suyas	*yours, theirs*

➤ Substitute the corresponding possessive pronoun for the words in italics.

1. Él quiere usar *mi libro*. _____

2. Yo tengo mis libros. Julio tiene *sus libros*. _____

3. Esta casa es más grande que *nuestra casa*. _____

4. Esta es mi cartera. ¿Dónde está *la cartera de usted*? _____

5. El maestro siempre lee *nuestros poemas* en clase. _____

6. Me pongo nervioso cuando lee *mi poema*. _____

7. Ellos tienen que respetar *tus derechos*. _____

8. Él nunca respeta *mis opiniones*. _____

9. Yo siempre respeto *sus opiniones de él*. _____

10. Siempre respeto *sus opiniones de ella* también. _____

11. Necesito una pluma. ¿Me prestas *tu pluma*? _____

12. *Mi cuarto* y *tu cuarto* son idénticos. _____

13. La cartera de Isabel se parece a *la cartera de usted*. _____

14. Yo encontré mi lápiz, pero tú no encontraste *tu lápiz*. _____

15. Tú compraste tu reloj donde yo compré *mi reloj*. _____

16. Tengo mis billetes. ¿Dónde pusiste *tus billetes*? _____

17. Compro mi ropa aquí. ¿Dónde compra usted *su ropa*? _____

18. La sala de ustedes tiene más sillas que *nuestra sala*. _____

19. Su calculadora funciona mejor que *mi calculadora*. _____

20. El apartamento de ellos es mayor que *tu apartamento*. _____

Worksheet 3.4 Possessive pronouns—*suyo*

El suyo (la suya, los suyos, las suyas) could mean *yours, his, hers, or theirs.* To make clear who the possessor is, Spanish speakers frequently use **de usted, de ustedes, de él, de ella, de ellos,** and **de ellas.**

EXAMPLES: *Tengo la dirección de Juan, pero no tengo* **la suya.**   *Unclear:* *yours, his, hers, theirs*
                                                                        la de usted.   *yours*
                                                                        la de ustedes.   *yours, pl.*
                                                                        la de él.   *his*
                                                                        la de ella.   *hers*
                                                                        la de ellos.   *theirs*

➤ Supply the appropriate definite article.

1. Me gusta la casa de ustedes tanto como _____ de ellos.

2. Pero el baño de ellos es más grande que _____ de ustedes.

3. Las rosas de ella tienen más fragancia que _____ de usted.

4. Las rosas de usted son más grandes que _____ de ella.

5. Ya envié el paquete de Luis y _____ de Pedro.

6. No recibí ni la carta de Luis ni _____ de Pedro.

7. Probé las galletas de María pero no _____ de usted.

8. La receta de ella y _____ de usted son idénticas.

9. Mi coche tiene dos puertas; _____ de ella tiene cuatro.

10. La radio de mi coche funciona mejor que _____ de ella.

11. Ningún perro es más feroz que _____ de usted.

12. Su perro tiene la cola más corta que _____ nuestro.

13. Los poetas de Chile son más conocidos que _____ de Bolivia.

14. La hojalata de Bolivia es más valiosa que _____ de Chile.

15. ¿Has visto las botas de los chicos? Sólo están _____ del profesor.

16. Ellos tienen sus bufandas. ¿Tiene Rita _____ de ella?

17. Tengo los guantes de Nora, pero no tengo _____ de Pepe.

18. Encontré mi paraguas, pero no sé dónde está _____ de Ana.

19. Las fotos que ella saca son mejores que _____ de ustedes.

20. Su cámara costó mucho menos que _____ de ella.

Worksheet 3.5 Conditional

The conditional tense, like the future tense, uses the entire infinitive as a stem. The endings for *all* conditional tense verbs are as follows:

➤ Change these verbs to the future tense first and then to the conditional tense. Remember to use the proper stem.

hablar		
yo	hablaría	*I would speak*
tú	hablarías	*you would speak*
él, ella, usted	hablaría	*he, she, you would speak*
nosotros(as)	hablaríamos	*we would speak*
vosotros(as)	hablaríais	*you would speak*
ellos, ellas, ustedes	hablarían	*they, you would speak*

PRESENT TENSE	FUTURE TENSE	CONDITIONAL TENSE
1. yo escribo		
2. ella compra		
3. nosotros vivimos		
4. él va		
5. yo conozco		
6. él estudia		
7. tú prometes		
8. él saca		
9. le gusta		
10. el tren llega		
11. yo repito		
12. tú pides		
13. ella recibe		
14. tú preparas		
15. usted lee		
16. yo escojo		
17. tú te levantas		
18. él se acuesta		
19. la clase empieza		
20. ustedes trabajan		
21. ella gasta		
22. yo como		
23. nosotros vamos		
24. mis primos bailan		
25. tú respondes		
26. tu hermana vive		

Worksheet 3.6 Conditional in noun clauses

In indirect speech using a noun clause, when the main verb of a sentence is in the past tense, the verb in the noun clause (denoting future action or intention in the past) will be in the conditional tense.

EXAMPLES: *Noun Clause*
Luis **dice** que **hablará** con ella.   *present tense + future tense*
Luis **dijo** que **hablaría** con ella.   *past tense + conditional tense*

➤ Supply the conditional tense of the verb in parentheses.

1. Mi padre dijo que me _____ (comprar) un perro.

2. Yo le prometo que lo _____ (cuidar) muy bien.

3. El dijo que me _____ (ayudar) a pintar la casa.

4. Yo sabía que él _____ (cumplir) su palabra.

5. El insistió en que _____ (regresar) el miércoles.

6. Yo creía que no _____ (llegar) hasta el jueves.

7. Ella mencionó que le _____ (gustar) viajar a Chicago.

8. Yo le dije que _____ (pagar) su boleto.

9. El patrón dijo que nosotros _____ (trabajar) los sábados.

10. Yo le aseguré que yo _____ (cooperar) con los otros.

11. Le dije a mi esposa que _____ (buscar) un buzón.

12. Un señor dijo que nosotros _____ (ver) un buzón en la esquina.

13. Tú prometiste que _____ (aprender) francés.

14. Él te aseguró que lo _____ (lograr) con una maestra.

15. Ellos insistieron en que yo _____ (ganar) el torneo.

16. Yo les dije que eso me _____ (sorprender).

17. La maestra dijo que el examen _____ (ser) muy largo.

18. Yo le prometí a ella que lo _____ (terminar) a tiempo.

19. Yo creí que _____ (llover) muy pronto.

20. Tú dijiste que ellos no _____ (cancelar) el desfile.

21. La policía indicó que _____ (cerrar) nuestra calle.

22. Yo no sabía donde yo _____ (estacionar) mi coche.

Worksheet 3.7 More on conditional in noun clauses

➤ Change the first verb of each sentence to the preterite tense; then change the second verb to the conditional tense.

1. Juan dice que les escribirá mañana. _____

2. Ellos dicen que estudiarán más tarde. _____

3. Él piensa que el negocio será un éxito. _____

4. En su carta dicen que llegarán mañana. _____

5. Su secretaria dice que él volverá dentro de poco. _____

6. Tú dices que nos pagarás pronto. _____

7. El niño insiste en que cumplirá ocho años. _____

8. Él piensa que usted le ayudará. _____

9. Elena dice que ella preparará toda la cena. _____

10. El periódico dice que lloverá mañana. _____

11. Creo que Elena y Felipe llegarán hoy. _____

12. Yo le prometo a usted que iré con ellos. _____

13. Le aseguro a usted que pagaré pronto. _____

14. El arquitecto dice que terminará la obra. _____

15. Crees que tu padre te regalará un coche. _____

16. El pintor dice que empezará a pintar la casa. _____

17. Los empleados creen que les darán más sueldo. _____

18. Ella dice que volverá pronto a nuestra casa. _____

19. Tú insistes en que sacarás buenas notas. _____

20. Todos creen que nosotros nos casaremos. _____

21. Él indica que la comida estará lista. _____

22. Creo que la huelga terminará pronto. _____

23. ¿No adivinas que yo te escogeré a ti? _____

Worksheet 3.8 Conditional of irregular verbs

Those verbs that have irregular stems in the future tense will have identical stems in the conditional tense:

EXAMPLE:
caber	cabría, etc.	poder	podría, etc.	salir	saldría, etc.
decir	diría, etc.	poner	pondría, etc.	tener	tendría, etc.
haber	habría, etc.	querer	querría, etc	valer	valdría, etc.
hacer	haría, etc.	saber	sabría, etc.	venir	vendría, etc.

➤ Change each verb first to the future tense, then to the conditional.

PRESENT TENSE	FUTURE TENSE	CONDITIONAL TENSE
1. yo salgo		
2. él tiene		
3. tú dices		
4. esto vale		
5. ella viene		
6. nadie sabe		
7. esto cabe		
8. yo sé		
9. ellos hacen		
10. yo quiero		
11. yo pongo		
12. tú tienes		
13. ellos salen		
14. yo puedo		
15. hay		
16. tú sabes		
17. nosotros hacemos		
18. Fernando puede		
19. ustedes vienen		
20. él dice		
21. Elena sale		
22. tú pones		
23. nadie tiene		
24. yo vengo		

Worksheet 3.9 More on conditional of irregular verbs

➤ Supply the conditional tense of the verbs in parentheses.

1. El patrón dijo que nos _____ (pagar) hoy.

2. Yo pensaba que no lo _____ (hacer).

3. Él dijo que no _____ (poder) vivir sin ella.

4. Ella creería que él pronto _____ (tener) otra novia.

5. Tú dijiste que nos _____ (decir) todo lo que pasa.

6. Yo sabía que tú no _____ (saber) nada del asunto

7. Carmen indicó que posiblemente _____ (querer) aprender francés.

8. Nosotros le dijimos que _____ (tener) que practicar mucho.

9. Me parecía que _____ (haber) más azúcar en esta receta.

10. Yo pensaba que tú le _____ (poner) un poco más.

11. Me imaginaba que nosotros no _____ (caber) en este cochecito

12. El chófer dijo que él _____ (hacer) dos viajes.

13. El artista prometió que la pintura pronto _____ (valer) más.

14. Yo, en cambio, pensaba que _____ (tener) menos valor.

15. El embajador dijo que _____ (venir) a Washington en marzo.

16. Yo creía que_____ (hacer) el viaje a mediados de febrero.

17. Ustedes sabían que nosotros_____ (salir) temprano del cine.

18. Adivinaron bien que nosotros no _____ (querer) quedarnos.

19. ¿Cómo sabías tú que ella nos_____ (decir) la verdad?

20. Pues, ella me aseguró que yo_____ (poder) confiar en ella.

21. ¿Por qué piensas que yo_____ (saber) afinar su guitarra?

22. Susita me dijo que tú _____ (poder) hacérmelo.

23. Yo sabía que ella nunca me _____ (decir) su apellido.

24. Creo que _____ (valer) la pena preguntárselo una vez más.

Worksheet 3.10 Corresponding verb and noun forms

Note the noun forms that correspond to each verb:

EXAMPLES: nacer → nacimiento   contar → cuento   pescar → pesca

➤ Supply the appropiate noun form for each verb.

VERB	NOUN	VERB	NOUN
1. repetir _____		26. aburrir _____	
2. bailar _____		27. discutir _____	
3. regañar _____		28. explicar _____	
4. regalar _____		29. desear _____	
5. proteger _____		30. imaginar _____	
6. remediar _____		31. invitar _____	
7. prometer _____		32. jugar _____	
8. recibir _____		33. limpiar _____	
9. satisfacer _____		34. pelear _____	
10. terminar _____		35. trabajar _____	
11. cambiar _____		36. preparar _____	
12. bromear _____		37. llamar _____	
13. beber _____		38. testificar _____	
14. reservar _____		39. confiar _____	
15. besar _____		40. conversar _____	
16. alegrar _____		41. aprender _____	
17. abrazar _____		42. describir _____	
18. conocer _____		43. viajar _____	
19. decidir _____		44. celebrar _____	
20. descubrir _____		45. preguntar _____	
21. excitar _____		46. permitir _____	
22. sospechar _____		47. pasar _____	
23. robar _____		48. pagar _____	
24. castigar _____		49. gastar _____	
25. observar _____		50. gustar _____	

Worksheet 3.11 Verbs requiring prepositions

Note the prepositions that accompany the following verbs:

acostumbrarse a	acabar de (*just* ...)	confiar en	contar con
aprender a	acordarse de	constar en	chocar con
comenzar a	dejar de (stop)	entrar en	soñar con
empezar a	olvidarse de	insistir en	estar para
invitar a	salir de	pensar en	estudiar para
principiar a	sorprenderse de	quedar en	salir para
volver a (...*again*)	tratar de (*try*)	tardar en	tener que

➤ Supply the preposition needed to complete the meaning of each sentence.

1. Yo dejé _____ leer ese libro porque me parecía aburrido.

2. Mi esposa empezó _____ leer el libro cuando yo lo abandoné.

3. Ella dijo que volvería _____ llover.

4. Por eso insistió _____ ponerse el impermeable.

5. Mis tíos me invitaron _____ viajar con ellos en Europa.

6. Yo nunca soñé _____ tanta suerte.

7. Su hermano tardó mucho _____ buscar trabajo.

8. Mi padre y yo quedamos _____ ofrecerle empleo.

9. Tengo _____ representar mi compañía en Roma.

10. Mañana empezaré _____ estudiar italiano.

11. Mi camión chocó _____ la camioneta del vecino.

12. No vi su vehículo cuando salí _____ mi garaje.

13. Un día de estos trataré _____ visitar a sus abuelos.

14. No quiero dejar _____ verlos de vez en cuando.

15. Mi hermana ya salió _____ Nueva York donde espera ser modelo.

16. Yo acabo _____ despedirme de ella en el aeropuerto.

17. Trataremos _____ llegar al concierto a tiempo.

18. Más vale salir ahora. No te olvides _____ llevar los boletes.

19. ¡Mira qué bonita! La niña se vistió _____ payasito.

20. Afortunadamente, me acordé _____ mi cámara.

21. Cuando entré, el perro empezó _____ ladrar.

22. El animal dejó _____ ladrar cuando me reconoció.

23. Tengo _____ pagarle con un cheque viajero.

24. Está bien. Yo siempre confío _____ esta forma de pagar.

Prepositions

➤ Supply the preposition needed to complete the meaning of each sentence.

1. Tratamos varias veces _____ ponernos en contacto con él.

2. Dijo que iba _____ llamarme, pero no lo ha hecho.

3. Tú no tienes ningún interés _____ visitar a tus tíos.

4. Es bueno que ellos vienen aquí de vez _____ cuando.

5. Soñé toda la noche _____ unos amigos de mi infancia.

6. Me desperté con ganas _____ visitarlos.

7. Mi esposa acaba _____ salir de casa.

8. Dijo que iba a volver _____ seguida.

9. A ella le gusta mucho ir _____ compras en el centro.

10. Ayer gastó más _____ cien dólares en una tienda de ropa.

11. Él se parece mucho _____ su padre.

12. Hasta empieza _____ hablar como él.

13. Nadie le ha dado _____ comer al pobre perro.

14. No sé por qué nos olvidamos tanto _____ él.

15. Este bolígrafo nuevo no sirve _____ nada.

16. _____ lo mejor se secó la tinta.

17. Yo voy a quedarme _____ casa todo el día.

18. Después _____ descansar un día, espero sentirme mejor.

19. Ellos vienen aquí muy _____ menudo.

20. Un día _____ éstos, nosotros vamos a visitarlos a ellos.

21. Ahora tenemos que despedirnos _____ ustedes.

22. Muchas gracias _____ habernos invitado.

23. Elena asiste _____ una universidad venezolana.

24. No sé por qué le gusta tanto _____ Caracas.

25. Estos papeles no tienen nada que ver _____ mi trabajo.

26. Mi hijo necesita llevar estos papeles _____ la escuela.

27. Mi tienda está _____ frente del banco.

28. También está al lado _____ la clínica.

29. _____ pesar de la lluvia, Carlos tiene que salir de casa.

30. El patrón cuenta _____ él en la fábrica.

General review

➤ Choose the correct form and write it in the blank.

1. Vasco Núñez de Balboa _____ (descubrió, descubría) un océano.

2. El océano _____ (llama, se llama) el Pacífico.

3. Lo _____ (había, estaba) descubierto en el año 1513.

4. Hernán Cortés salió _____ (de, por) Cuba con 500 soldados.

5. En 1519 _____ (desembarcaron, desembarcarán) en la isla de Cozumel.

6. Después _____ (que, de) conquistar a los aztecas, los gobernó.

7. Pedro de Alvarado acompañó _____ (Cortés, a Cortés) en México.

8. El exploró _____ (muchos, muchas) partes de la América Central.

9. Hasta el Perú fue _____ (visitado, visitando) por Alvarado.

10. Cabeza de Vaca fue un _____ (gran, grande) explorador de ríos.

11. El _____ (conoció, conoció a) varios ríos de tres continentes.

12. _____ (Escribió, escrito) el libro Naufragios y comentarios.

13. Hernando de Soto _____ (fue, estuvo) gobernador de Cuba.

14. Antes _____ (había, habrá) estado con Pizarro en el Perú.

16. Ponce de León descubrió _____ (Florida, la Florida) en 1512.

17. Fue el _____ (primer, primero) gobernador de Puerto Rico.

18. Cuando fue a Cuba ya se _____ (estaba, está) muriendo.

19. Francisco Pizarro _____ (fue, iba) con Balboa a Panamá.

20. Fue el explorador _____ (más, el más) conocido del Perú.

21. Se apoderó _____ (del, al) emperador Atahualpa en Cajamarca.

22. Sebastián de Benalcázar luce al lado _____ (de, con) Pizarro.

23. En _____ (Ecuador, el Ecuador) fundó Quito y Guayaquil.

24. Estaba _____ (explorado, explorando) el nuevo país en 1534.

Part 4

Contents

Worksheet 4.1 Subjunctive mood—present tense

There are three moods. The *indicative mood* is used for statements of fact, the *imperative mood* is the command form, and the *subjunctive mood* is for statements that are not necessarily true. The *subjunctive mood* has not been seen in any of the preceding exercises.

In English, we may say: *I hope she sings*. This sounds strange in Spanish, because *she sings* is a statement of fact. She will not necessarily sing just because I hope she will. Spanish therefore says *I hope she may sing*, with *may sing* being a single verb in the subjunctive mood. This verb form will be required in dependent clauses after such verbs as *want, wish, hope, doubt, fear,* and also in impersonal expressions, such as *It is important (necessary, probable)* that. It also appears after verbs of emotion, like *I am delighted that.*

Indicatives and subjunctives trade endings. The endings for **-ar** verbs in the subjunctive mood are the same as the endings for **-er** verbs in the indicative mood, except that the third person and first person singular* forms are the same:

INDICATIVE		SUBJUNCTIVE	
habl**o**	habl**amos**	*habl**e**	habl**emos**
habl**as**	habl**áis**	habl**es**	habl**éis**
habl**a**	habl**an**	habl**e**	habl**en**

➤ Supply the present subjunctive form for each of the following verbs.

1. yo estudio _____
2. ellos compran _____
3. ella habla _____
4. yo me lavo _____
5. él se levanta _____
6. él toma _____
7. tú miras _____
8. usted paga _____
9. nosotros usamos _____
10. él pregunta _____
11. ellos llegan _____
12. tú cuentas _____
13. nosotros atamos _____

14. él enseña _____
15. nadie roba _____
16. ella contesta _____
17. usted pregunta _____
18. él saluda _____
19. ella recuerda _____
20. tú escuchas _____
21. él regala _____
22. tú trabajas _____
23. ella espera _____
24. usted enseña _____
25. ella compra _____
26. yo me canso _____

27. él se enferma _____
28. tú estudias _____
29. ustedes hablan _____
30. tú te peinas _____
31. Pablo anda _____
32. él explica _____
33. ella cambia _____

34. nosotros damos _____
35. ellos miran _____
36. yo empiezo _____
37. ustedes hablan _____
38. yo necesito _____
39. Ana manda _____
40. nosotros ganamos _____

Worksheet 4.2 More on subjunctive mood – present tense

Both -**er** and -**ir** verbs trade endings with -**ar** verbs. The first person singular, however, will have the same ending as the third person singular:

INDICATIVE		SUBJUNCTIVE		INDICATIVE		SUBJUNCTIVE	
como	comemos	com**a**	com**amos**	vivo	vivimos	viv**a**	viv**amos**
comes	coméis	com**as**	com**áis**	vives	vivís	viv**as**	viv**áis**
come	comen	com**a**	com**an**	vive	viven	viv**a**	viv**an**

➤ Supply the present subjunctive for each of the following verbs.

1. él escribe _____
2. ellos insisten _____
3. tú crees _____
4. yo rompo _____
5. ellos cometen_____
6. él bebe _____
7. tú asistes _____
8. usted vende _____
9. yo debo _____
10. él reparte _____
11. yo cojo _____
12. ella escoge _____
13. nosotros metemos _____
14. tú temes _____
15. yo prefiero _____
16. ellos descubren _____
17. yo comprendo _____
18. ustedes suben _____
19. yo me sorprendo _____
20. todos responden _____

21. ella asiste _____
22. él corre _____
23. tú prefieres _____
24. nosotros cosemos _____
25. él cubre _____
26. tú te aburres _____
27. nosotros debemos _____
28. él se mete _____
29. ellos recogen _____
30. tú aprendes _____
31. yo recibo _____
32. ellos comen _____
33. él vive _____
34. tú comes _____
35. nosotros leemos _____
36. ellas venden _____
37. él abre _____
38. yo cometo _____
39. nadie vende _____
40. tú vives _____

Worksheet 4.3 Subjunctive mood—present tense of irregular verbs

If an irregular present indicative verb ends in **-o** in the first person singular, its stem will also be used for the present subjunctive.

VERB	INDICATIVE	SUBJUNCTIVE		VERB	INDICATIVE	SUBJUNCTIUE
caer	caigo	**caiga**, etc,		poner	pongo	**ponga**, etc.
caber	quepo	**quepa**, etc		salir	salgo	**salga**, etc.
decir	digo	**diga**, etc.		tener	tengo	**tenga**, etc.
oír	oigo	**oiga**, etc.		valer	valgo	**valga**, etc.

➤ Supply the present subjunctive of each of the following verbs.

1. él hace _que él haga_
2. ella oye _____
3. yo salgo _____
4. usted viene _____
5. él dice _____
6. tú ves _____
7. ustedes pierden _____
8. yo me siento _____
9. ustedes hacen _____
10. tú cierras _____
11. yo traduzco _____
12 nadie tiene _____
13. él cabe _____
14. nada sirve _____
15. él produce _____
16. usted hace _____
17. tú oyes _____
18. él duerme _____
19. yo puedo _____
20. tú traes _____

21. ellos tienen _____
22. él conoce _____
23. ella merece _____
24. tú ofreces _____
25. ellos valen _____
26. yo almuerzo _____
27. nosotros decimos _____
28. ellos salen _____
29. nosotros oímos _____
30. yo entiendo _____
31. ellos ponen _____
32. ellos se mueren _____
33. nada sale _____
34. ellos oyen _____
35. tú vuelves _____
36. nosotros traemos _____
37. nosotras venimos _____
38. ustedes tienen _____
39. él se cae _____
40. nosotros dormimos _____

Buscapalabras

Name: _____   Date: _____

El presente del subjuntivo

➤ Find the subjunctive form of each verb in the list, then locate it in the puzzle. As you find and circle the word, write it in the blank spaces provided.

L	O	N	F	I	N	J	A	N	O	S
T	E	E	C	T	E	M	A	O	S	T
E	H	A	Y	A	A	B	R	A	H	O
N	R	U	S	U	I	O	L	E	U	Q
G	B	E	O	R	U	G	V	I	E	U
A	A	L	C	T	A	H	A	B	L	E
N	J	S	U	E	L	A	Y	M	A	N
D	E	O	P	O	N	G	A	M	O	S
I	N	Q	U	E	P	A	R	I	O	S
G	I	C	O	N	D	U	Z	C	A	R
A	H	O	G	U	E	N	O	V	U	I
S	O	M	E	D	A	S	I	G	A	A
I	P	A	G	U	E	V	E	A	N	S

PRESENT	SUBJUNCTIVE	PRESENT	SUBJUNCTIVE	PRESENT	SUBJUNCTIVE
sale	_____	conduce	_____	huele	_____
ponemos	_____	pago	_____	bajan	_____
temo	_____	tocan	_____	come	_____
lees	_____	da	_____	ven	_____
son	_____	caemos	_____	sigue	_____
voy	_____	dices	_____	ahogan	_____
damos	_____	rezan	_____	ríes	_____
habla	_____	cabe	_____	suelo	_____
escriben	_____	fingen	_____	lees	_____
vives	_____	he	_____	abre	_____
hace	_____	tienen	_____		

Worksheet 4.4 Subjunctive mood to express uncertainty

It is not a certainty that something will happen just because someone *wants, wishes, asks, commands, insists, prefers, hopes, begs,* or *prays* that it will happen. If the main clause of a sentence features such a verb, the verb in the dependent clause, which expresses the uncertain action, will be in the subjunctive mood and will be preceded by the word **que.**

EXAMPLES: **Quiero que ella cante.** *I want her to sing.* (*I want that she sing[s].*)
   Ella espera que vengas. *She hopes you'll come.* (*She hopes that you come.*)

➤ Supply the present subjunctive form of the verbs in parentheses.

1. Mamá quiere que nosotros (*lavar*) los platos. _____

2. Espero que mi hermanita me (*ayudar*) a lavarlos. _____

3. El profesor exige que yo (*leer*) cincuenta páginas. _____

4. Él desea que yo (*terminar*) el libro en cuatro días. _____

5. Susana espera que Tomás la (*invitar*) al baile. _____

6. Tomás espera que Susana (*querer*) aceptar su invitación. _____

7. Es importante que tú (*ahorrar*) la mitad de tu sueldo. _____

8. Es necesario que tú (*tener*) el dinero para educarte. _____

9. Insistimos en que ellos (*llegar*) antes de las ocho. _____

10. Quieren que nos (*sentar*) antes de la primera escena. _____

11. Espero que toda la familia (*caber*) en tu coche. _____

12. Es preferible que (*usar*) dos coches para el viaje. _____

13. Sólo quiero que me (*decir*) siempre la verdad. _____

14. En cambio, quiero que tú no me (*hacer*) tantas preguntas. _____

15. Dígale a su hermano que (*volver*) a casa en seguida. _____

16. Dile a Mamá que no se (*preocupar*). Regreso ahorita. _____

17. Espero que te (*aliviar*) pronto de la gripe. _____

18. El médico insiste en que yo no (*trabajar*) mañana. _____

19. El patrón exige que ustedes se (*poner*) los guantes. _____

20. Me alegro que él se (*preocupar*) tanto de la seguridad. _____

21. El entrenador quiere que nosotros (*practicar*) una hora más. _____

22. Con tanta práctica, espero que nosotros (*empezar*) a ganar. _____

Worksheet 4.5   More on the subjunctive mood to express uncertainty

The subjunctive mood is used only when there is a change of subject in the dependent clause.

EXAMPLE: **Yo quiero que tú vuelvas.**   *I want you to return.*

If there is no change in subject, the infinitive will be used.

EXAMPLE: **Yo quiero volver.**   *I want to return.*

➤ In the following sentences, introduce **usted** as a second subject, and change the verb to the subjunctive.

1. Yo quiero *estudiar* francés. _____*que usted estudie*_____

2. Espero *empezar* mañana. _____

3. Ella desea *cantar* el papel de Carmen en Milano. _____

4. Yo prefiero *cantar* el papel de Dalila en Nueva York. _____

5. Nosotros queremos *conocer* San Francisco en el verano. _____

6. Sobre todo deseamos *pasear* en los curiosos tranvías. _____

7. Yo insisto en *leer* las instrucciones otra vez. _____

8. Yo quiero *armar* la bicicleta correctamente. _____

9. El quiere *pasar* el día escribiendo cartas. _____

10. Ella prefiere *usar* el tiempo para limpiar la casa. _____

11. En Tijuana insisto en *regatear* con los comerciantes. _____

12. Mi amigo insiste en *aceptar* los precios fijos. _____

13. Yo espero *tocar* el piano mejor que mi abuela. _____

14. Su mamá espera *aprender* a tocarlo mejor que nadie. _____

15. Tomás desea *organizar* una huelga de los obreros. _____

16. E1 patrón quiere *seguir* negociando con la compañía. _____

17. Yo espero *sacar* buenas notas este semestre. _____

18. Yo quiero *merecer* una beca universitaria. _____

19. Nosotros insistimos en *respaldar* al presidente. _____

20. Ellos prefieren *ayudar* al otro candidato. _____

21. Yo quiero *revisar* las reglas de nuestro club. _____

22. El tesorero insiste en *cambiarlas*. _____

Worksheet 4.6 Subjunctive mood—*Ser, estar, dar, ir*

You will recall that there are no rules for knowing the subjunctive stems of verbs whose first person singulars do not end in **-o**. There are six such verbs; four end in **-oy** and two end in **-e** (see the following exercise). This exercise provides practice with the four **-oy** verbs (**voy, doy, estoy, soy**).

ser	sea	seas	sea	seamos	seáis	sean
estar	esté	estés	esté	estemos	estéis	estén
dar	dé	des	dé	demos	deis	den
ir	vaya	vayas	vaya	vayamos	vayáis	vayan

➤ Supply the present subjunctive form of the verbs in parentheses.

1. Mis padres no quieren que yo _____ (ir) a Europa.

2. Ellos prefieren que yo _____ (estar) siempre en Chicago.

3. Espero que ella me_____ (dar) su número telefónico.

4. ¡Ojalá que algún día nosotros _____ (ser) buenos amigos!

5. Es necesario que usted me _____ (dar) su pasaporte.

6. Esperamos que todo _____ (estar) en orden.

7. Sospecho que usted _____ (ser) el culpable.

8. Espero que los testigos me _____ (dar) una mejor descripción.

9. El médico recomieda que tú _____ (ir) a las montañas.

10. Él quiere que tú _____ (estar) allí a lo menos un mes.

11. A mí no me gusta que nadie me_____ (dar) consejos.

12. Espero que nadie me_____ (ir) a aconsejar.

13. Sus padres se oponen a que él _____ (ser) boxeador.

14. Yo tampoco quiero que su cara _____ (estar) desfigurada.

15. Espero que ese autobús _____ (ir) a mi calle.

16. No me gusta que la escuela _____ (estar) tan lejos de mi casa.

17. El profesor exige que nosotros _____ (dar) informes más largos.

18. También insiste en que nadie _____ (estar) ausente.

19. Todos deseamos que la huelga no _____ (ser) muy larga.

20. Los obreros quieren que pronto _____ (estar) de acuerdo.

21. Te recomiendo que no le_____ (dar) de comer a ese gato.

22. No vive aquí. Es mejor que _____ (irse) a su propia casa.

Worksheet 4.7 Subjunctive mood—*saber* and *haber*

The other two verbs whose first person singulars do not end in **-o** are **saber** (*se*) and **haber** (*he*). This means that there are no rules regarding formation of their irregular subjunctive stems. As with those verbs practiced in the preceding exercise, their stems must be memorized without benefit of clues.

saber	sepa	sepas	sepa	sepamos	sepáis	sepan
haber	haya	hayas	haya	hayamos	hayáis	hayan

➤ Supply the present subjunctive of the verbs in parentheses.

1. Dudo que me _____ (haber) dicho la verdad.

2. Es posible que ellos no la _____ (saber).

3. Espero que todos mis amigos me _____ (haber) respaldado.

4. ¡Ojalá que ellos _____ (saber) la importancia de esta elección!

5. Espero que usted se _____ (haber) especializado en frenos.

6. No tenga cuidado. No hay nadie que los_____ (saber) arreglar mejor.

7. Espero que los músicos _____ (haber) aprendido algunos valses.

8. Es una lástima que no_____ (saber) la música de Strauss.

9. Sospechan que ustedes _____ (haber) escrito al senador.

10. Es importante que el senador _____ (saber) la verdad.

11. María duda que nosotros _____ (haber) encontrado las perlas.

12. Deseamos que ella _____ (saber) las horas que gastamos en esto.

13. No es cierto que la policía lo _____ (haber) identificado.

14. No obstante, insisto en que ellos _____ (saber) su nombre.

15. ¿Es cierto que te _____ (haber) inventado esta receta?

16. Es posible que nadie más que yo_____ (saber) los ingredientes.

17. Espero que el candidato_____ (haber) estudiado computadoras.

18. Yo dudo que él _____ (saber) usar la nuestra.

19. Nunca creeré que ellas nos _____ (haber) dicho mentiras.

20. Lo que importa es que nosotros _____ (saber) la verdad.

21. Esperamos que ustedes _____ (haber) invitado a los vecinos.

22. Prefiero que algunos ni _____ (saber) que habrá una fiesta.

Worksheet 4.8 Subjunctive mood required by change in subject

➤ In the following sentences, introduce **ustedes** as the second subject, then repeat the exercise with **tú, nosotros,** and **ustedes.**

1. Yo prefiero *ir* allí hoy. _____que ustedes vayan_____

2. Él quiere *saber* la fecha de mi cumpleaños._____

3. Desean *llegar* temprano al concierto. _____

4. Él quiere *ser* presidente de nuestro club de español._____

5. Insisten en *darle* esta responsabilidad a Carlos. _____

6. Él no quiere *saber* nada de mis negocios. _____

7. Insisten en *ir* a la playa con nosotros esta tarde. _____

8. Yo prefiero *ir* con ustedes al cine esta noche. _____

9. Desean *ir* a estudiar a los Estados Unidos. _____

10. Él quiere *estar* contento en su nuevo puesto. _____

11. Ella quiere *darle* un regalo a la profesora. _____

12. ¿Por qué quieren ellos *ir* allí tan tarde? _____

13. Quiero *dar*le a ella las gracias por su regalo. _____

14. Él quiere *ser* siempre lo mejor de la clase. _____

15. Yo quiero *darle* a ella lecciones de español. _____

16. Ellos insisten en *saber* exactamente lo que pasó. _____

17. Ella no quiere *ir* al baile esta noche. _____

18. Yo no quiero *cabalgar* con ellos en el parque. _____

19. Él prefiere *estar* siempre con los estudiantes. _____

20. Él espera *saber* las palabras de la lista. _____

21. Nosotros esperamos *conocer* a los vecinos. _____

22. Ellas insisten en *ayudar* con la comida. _____

23. Mis abuelos quieren *contribuir* a la Cruz Roja. _____

24. Quiero *darles* de comer a las palomas en la plaza. _____

Worksheet 4.9 Subjunctive mood after verbs of emotion

The subjunctive mood is used in Spanish after all verbs of emotion (**sentir, alegrarse, lamentar, temer, extrañarse, sorprenderse**), provided there is a change of subject in the dependent clause.

EXAMPLES:
CHANGE OF SUBJECT	NO CHANGE
Siento mucho que tú **hayas** fracasado.	Siento haber fracasado.
Tengo miedo que ella **salga** sola.	Tengo miedo salir solo.

➤ Supply the present subjunctive form of the verbs in parentheses.

1. Lamento mucho que tú no _____ (poder) acompañarnos al cinne.

2. Siento que tu abuela _____ (estar) enferma.

3. Me sorprende que él _____ (hablar) español sin acento.

4. Me alegro que él _____ (tener) oportunidades de practicar.

5. A mí no me importa lo que la gente _____ (decir).

6. Me extraña que ellos no _____ (tratar) de conocerme mejor.

7. Él teme que alguien lo _____ (reconocer) en el restaurante.

8. Siento que su fama no le _____ (permitir) salir de casa.

9. Nos interesa que tú _____ (invertir) tanto en ese negocio.

10. Siento que tú _____ (arriesgar) demasiado el dinero.

11. Me sorprende que ese producto no _____ (tener) más venta.

12. Lamento que él _____ (perder) tanto dinero en desarrollarlo.

13. Me preocupa que ella _____ (estar) tan delgada.

14. Me extraña que ella nunca _____ (aumentar) ni una libra.

15. Él se alegra de que ustedes _____ (ser) tan buenos amigos.

16. ¿Le sorprende que ella se _____ (parecer) a su madre?

17. ¿Le extraña que yo _____ (saber) esquiar mejor que usted?

18. Me extraña que _____ (encontrar) el tiempo para practicar.

19. ¿Por qué lamentas tanto que yo _____ (vender) mi casa?

20. Temo que una persona menos simpática la_____ (comprar).

21. ¿Te molesta que este coche no_____ (tener) cuatro puertas?

22. No, pero lamento que no _____ (caber) toda la familia.

Worksheet 4.10 Subjunctive mood after impersonal expressions

Uncertainty is also established by such impersonal expressions as **es necesario que, es importante que, es sorprendente que, es una lástima que, no importa que, etc.** If there is a change in subject following such expressions, the verb will be in the subjunctive mood:

EXAMPLES: Es importante que usted **vaya** allí en seguida.
Es una lástima que tú no **aprendas** a bailar.

➤ Supply the present subjunctive form of the verbs in parentheses.

1. Es sorprendente que ellos_____ (querer) entrar temprano.

2. Es mejor que ellos _____ (esperar) afuera.

3. Es muy dudoso que ella _____ (viajar) sin su familia.

4. Es importante que nosotros les _____ (dar) la bienvenida.

5. Es indispensable que los niños _____ (hacer) ejercicio físico.

6. Es casi seguro que _____ (pasar) el día viendo televisión.

7. Es necesario que usted _____ (alcanzar) el estante más alto.

8. ¡Qué lástima que usted no _____ (ser) más alta!

9. Es importante que nosotros _____ (ir) al banco esta tarde.

10. Es una lástima que_____ (estar) lloviendo a cántaros.

11. Más vale que ustedes _____ (ahorrar) su dinero para el futuro.

12. Es probable que el costo de la vida _____ (seguir) subiendo.

13. Es preciso que nosotros _____ (interrogar) a los testigos oculares.

14. Es importante que nosotros _____ (establecer) su inocencia.

15. Es necesario que los alumnos _____ (obedecer) a la maestra.

16. Si no, es probable que ella_____ (llamar) a algunos padres.

17. Es justo que tú _____ (recibir) las ganancias de esa inversión.

18. Es increíble que el dinero ya se_____ (haber) duplicado.

19. Es dudoso que yo _____ (asistir) a los juegos olímpicos.

20. Es más probable que yo los _____ (ver) en televisión.

21. Es sorprendente que tú_____ (dejar) de fumar tan fácilmente.

22. Es probable que te_____ (aliviar) completamente de esa tos.

Worksheet 4.11 Subjunctive mood after expressions of doubt or uncertainty

A degree of uncertainty is present in every subjunctive or imperative verb. The need for the subjunctive mood should be immediately evident following actual expressions of doubt or uncertainty.

EXAMPLE: No creo que **conozcas** a una señorita más simpática.
Dudo que **haya** otra como ella.

The expressions **quizá** and **tal vez** also use the subjunctive. If, however, the clause expresses fact rather than doubt, the indicative mood will be used.

EXAMPLE: Nadie duda que ellos son ricos.
Creo que tienen una buena herencia de sus famosos padres.

➤ Supply the present subjunctive form of the verbs in parentheses.

1. Yo dudo que ella _____ (ir) a la feria con nosotros.

2. No creo que a ella le _____ (interesar) las ferias.

3. ¿Tú niegas que _____ (pensar) invertir dinero en esa empresa?

4. No, pero no espero que la inversión me _____ (hacer) rico.

5. Ellos niegan que _____ (ser) de origen nicaragüense.

6. Yo dudo que el inspector de inmigración lo _____ (creer).

7. Yo temo que Pablo _____ (morir) muy pronto.

8. ¡Qué disparate! No creo que _____ (poder) morir de gripe.

9. El acusado niega que _____ (usar) un cómplice en sus robos.

10. El juez duda que él _____ (haber) cometido los robos solo.

11. Yo no creo que Consuelo nos _____ (decir) la verdad.

12. Yo dudo que _____ (tener) más de veinte años.

13. No creo que tú _____ (necesitar) cuatro cartas de referencia.

14. Dudo que esa compañía _____ (exigir) tantos documentos.

15. El padre de Luis duda que él _____ (pasar) los exámenes.

16. Luis niega que nunca _____ (preparar) sus lecciones.

17. Lola teme que el perro de los vecinos tal vez _____ (morder).

18. Yo dudo que ese perro _____ (hacer) más que ladrar.

19. Quizá ellos _____ (volver) el año próximo.

20. Temo que ellos no se _____ (divertir) mucho aquí.

21. Su madre niega que Alicia _____ (oír) con dificultad.

22. Temo que la señora no _____ (desear) creer a la enfermera.

Worksheet 4.12 Subjunctive mood in adverbial clauses

The subjunctive is used in Spanish in adverbial clauses introduced by certain conjunctions expressing future condition or event, purpose or result, concession or supposition: **cuando, antes (de) que, hasta que, tan pronto como, mientras, para que, a fin de que, de manera que, sin que, aunque, a menos que, con tal (de) que.** Uncertainty, as with all subjunctives, is an obvious factor, since the future is always uncertain.

EXAMPLES: Yo le preguntaré cuando él **venga.**   *He may not come at all.*
                   Le doy este libro para que lo **lea.**   *He may prefer not to read it.*
                   Iremos allí a menos que **haga** mal tiempo.   *Future weather is uncertain.*

If, however, an accomplished fact is indicated, the indicative mood will be used.

EXAMPLE: Nosotros siempre comemos tan pronto como llega Juan.
                   John will definitely be there; we never eat later.

➤ Supply the present subjunctive form of the verbs in parentheses.

1. Tenemos que llamar a Rosa antes de que ella _____ (salir).

2. No iremos a menos que usted_____ (ir) también.

3. Él dice que nos llamará aunque _____ (ser) muy tarde.

4. Tú puedes entender esto con tal que lo _____ (estudiar).

5. Saldré para Europa tan pronto como _____ (recibir) mi visa.

6. Ella no saldrá hasta que nosotros _____ (regresar).

7. Iremos a la playa mañana a menos que _____ (llover).

8. Le hablaré a él otra vez de eso cuando lo _____ (ver).

9. Hágame el favor de esperar aquí hasta que yo _____ (venir).

10. No puedes apreciar mi voz a menos que me _____ (oír) cantar.

11. No puedo pagarles hasta que yo _____ (cambiar) este cheque.

12. Te avisaré tan pronto como_____ (llegar) el senador.

13. Tenemos que limpiar la casa antes de que ella _____ (volver).

14. Yo esperaré aquí hasta que tú me_____ (llamar).

15. Te habla en español para que tú _____ (tener) más práctica.

16. No saldremos hasta que _____ (terminar) las clases.

17. No iré a la ópera a menos que tú me _____ (acompañar).

18. Ella no entrará hasta que yo _____ (anunciar) su llegada.

19. Yo te traeré la camisa para que tú me la_____ (planchar).

20. No le pagaré sin que usted me _____ (dar) un recibo.

21. Usted podrá salir tan pronto como_____ (pagar) la multa.

22. Te prestaré el mío con tal que un día me _____ (*prestar*) el tuyo.

Worksheet 4.13 Subjunctives in adjective clauses

The subjunctive is used in Spanish in all adjective clauses where the relative pronoun **que** has a negative antecedent or where the antecedent represents some indefinite person or thing. Note the following changes according to mood:

EXAMPLE: **Busco a alguien aquí que hable español.**
I do not know if anyone here speaks Spanish, but I am looking for such a person.

Busco a alguien aquí que habla español.
I know someone here speaks Spanish, and I am looking for that specific person.

➤ Supply the present subjunctive form of the verbs in parentheses.

1. No hay ninguna región que_____ (tener) paisajes más hermosos que ésta.

2. Busco un libro que _____ (tratar) de la historia del Perú.

3. Deseamos una casa que _____ (dar) al parque.

4. ¿Hay alguien aquí que _____ (saber) bien la gramática?

5. No hay nadie que _____ (conocer) la historia de ese asunto mejor que el señor Carrillo.

6. Queremos visitar un país donde la vida _____ (ser) barata.

7. No hay nadie en la clase que_____ (estudiar) con más afán que Enrique.

8. Yo necesito un libro que me _____ (dar) una explicación más clara de la gramática.

9. ¿Hay alguien aquí que _____ (poder) decirme dónde se vende ese libro?

10. Él necesita una secretaria que _____ (saber) bien los dos idiomas.

11. Necesitamos una casa que _____ (tener) por lo menos tres cuartos de dormir.

12. Yo no conozco a nadie que _____ (ser) más seria en su trabajo que Elena.

13. Nosotros no hemos encontrado a nadie que _____ (ser) experto en esa materia.

14. Preferimos un chófer que _____ (ser) venezolano.

15. Solicitan a dos hombres jóvenes que _____ (saber) el negocio de exportación.

16. La compañia prefiere a candidatos que _____ (tener) mejores referencias.

17. Se solicita un guía que _____ (conocer) bien la ciudad.

18. Quiero asistir a una universidad que_____ (tener) una buena facultad de medicina.

Uses of the subjunctive

➤ Supply the present subjunctive form of the verbs in parentheses.

1. Dígale al carnicero que _____ (traer) un cuchillo.

2. Es necesario que _____ (estar) bien afilado.

3. Él desea que yo _____ (ir) a ver su casa nueva.

4. Yo iré a verla tan pronto como _____ (ser) posible.

5. La maestra quiere que nosotros _____ (leer) cuatro libros.

6. Más vale que yo _____ (empezar) a leer el primero hoy mismo.

7. Voy a esperar aquí hasta que ella _____ (venir).

8. Ojalá que ella no _____ (llegar) tarde.

9. Me extraña mucho que ese niño _____ (portarse) mal.

10. Yo le diré que _____ (dejar) de ser travieso.

11. Es posible que Mamá nos _____ (llevar) al zoólogico.

12. Quizá nos _____ (permitir) dar de comer a los monos.

13. No quiero que mis empleados _____ (malgastar) el tiempo.

14. Es importante que la fábrica _____ (producir) mucho más.

15. Escríbeme tan pronto como tú _____ (desembarcar) allí.

16. Espero que me _____ (decir) tus impresiones de la isla.

17. No hay nadie en la clase que _____ (entender) ese problema.

18. Creo que este libro nos lo _____ (explicar) mejor.

19. Es dudoso que _____ (llover) esta tarde.

20. Me alegro que nosotros _____ (poder) salir sin mojarnos.

21. Es increíble que tú _____ (haber) construido este garaje.

22. Es imposible que tú _____ (tener) tiempo para hacer tanto.

23. Esperamos que el viaje _____ (ser) más agradable este año.

24. Es improbable que el tren _____ (chocar) la segunda vez.

More on uses of the subjunctive

➤ In the following sentences, introduce **usted** as the subject of the subordinate clause. Repeat the exercise with **tú** and **ustedes.**

1. Yo prefiero *estudiar* geografía. _____

2. Es necesario *tener* un atlas corriente. _____

3. Es casi imposible *saber* la capital de cada nación africana. _____

4. Yo *insisto* en leer correctamente los mapas. _____

5. Es posible *identificar* las cordilleras de Estados Unidos. _____

6. Yo quiero *memorizar* también los ríos del Brasil. _____

7. Yo limpiaré la casa antes de *salir*. _____

8. No quiero *verla* tan sucia. _____

9. Espero *lavar* las ventanas y los espejos. _____

10. Insisto en *barrer* los suelos del segundo piso. _____

11. Es importante *llevar* estas botellas a la basura. _____

12. Me alegro mucho *volver* a tener limpia la casa. _____

13. Es bonito *recibir* regalos de cumpleaños. _____

14. No quiero *esperar* hasta pasado mañana. _____

15. Prefiero *abrir* ese paquete misterioso ahora. _____

16. Es importante *saber* de quién es. _____

17. Me alegro *tener* otra camisa de la tía Lupe. _____

18. Es necesario *agradecérsela* en seguida. _____

19. Nuestros primos quieren *ir* a la playa. _____

20. Me alegro mucho de *poder* ir con ellos. _____

21. Espero *nadar* en Corona del Mar. _____

22. Es posible *caber* todos en la camioneta de ellos. _____

23. Es necesario *traer* una botella de loción. _____

24. Nadie quiere *quemarse* del sol. _____

25. Siento mucho *estar* enfermo. _____

26. No quiero *tomar* esa horrible medicina. _____

27. Es posible *aliviarse* con el tiempo. _____

28. Más que nada es importante *descansar*. _____

29. Es mala suerte *tener* la gripe todos los años. _____

30. Lo peor *es faltar* al examen de álgebra. _____

Part 5

Contents

Worksheet 5.1 Present perfect subjunctive

The present perfect subjunctive is formed the same as the present perfect indicative, except that the helping verb **haber** is in the present subjunctive mood.

PRESENT PERFECT INDICATIVE		PRESENT PERFECT SUBJUNCTIVE	
he hablado	hemos hablado	haya hablado	hayamos hablado
has hablado	habéis hablado	hayas hablado	hayáis hablado
ha hablado	han hablado	haya hablado	hayan hablado

EXAMPLE: Él **ha salido.**   Siento que él **haya salido.**

➤ Supply the present perfect subjunctive of the verbs in parentheses.

1. Dudo que ellos _____ (llegar) tan rápidamente.

2. Siento que ellos _____ (tener) que salir temprano.

3. Temo que el barco _____ (hundirse).

4. No creo que el capitán_____ (dirigirse) a otro puerto.

5. ¡Qué lástima que tú no _____ (poder) ver a Felipe!

6. Me extraña que ella no _____ (dejar) ni un recado.

7. Yo dudo que él_____ (ganar) mucho dinero allí.

8. Es improbable que tú _____ (perder) el concurso.

9. Me alegro que él _____ (aliviarse) del sarampión.

10. Siento que tú no _____ (ver) esa película tan graciosa.

11. Es una lástima que él no _____ (venir) conmigo.

12. Dudo que ellos_____ (tener) tiempo para ayudarme.

13. Es posible que ya _____ (despegar) el avión.

14. Me alegro de que por fin tú _____ (dejar) de fumar.

15. Nos alegramos de que Pepe _____ (graduarse) hoy.

16. Es posible que ellos me _____ (enviar) el paquete.

17. Es probable que ellos _____ (hacer) escala en Lisboa.

18. Sentimos mucho que su perro _____ (perderse).

19. No creo que el señor Ibarra _____ (volver).

20. Esperamos que tú _____ (llegar) sin dificultad.

21. Yo dudo que Raúl les _____ (hablar) de sus planes.

22. No creo que usted _____ (robar) a nadie.

Worksheet 5.2 Imperfect (past) subjunctive

The imperfect subjunctive is used in subjunctive clauses when the main verb is in the past tense.

EXAMPLE: Insistieron en que yo **hablara** español.

Although two sets of endings exist for this tense, we shall concentrate on the set that is used in Latin America:

hablar			
yo	hablara	nosotros	habláramos
tú	hablaras	vosotros	hablarais
él, ella, usted	hablara	ellos, ellas, ustedes	hablaran

➤ Change the verbs from the present subjunctive to the imperfect subjunctive.

PRESENT SUBJUNCTIVE	PAST SUBJUNCTIVE	PRESENT SUBJUNCTIVE	PAST SUBJUNCTIVE
1. yo estudie _____		19. él trabaje _____	
2. él gane _____		20. tú regales _____	
3. usted pague _____		21. ella espere _____	
4. tú hables _____		22. usted enseñe _____	
5. yo compre _____		23. él piense _____	
6. él tome _____		24. tú busques _____	
7. nosotros miremos _____		25. ella compre _____	
8. ella arregle _____		26. él se enferme _____	
9. ustedes hablen _____		27. ellos recojan _____	
10. tú preguntes _____		28. usted aprenda _____	
11. ellos lleguen _____		29. yo reciba _____	
12. usted cuente _____		30. nosotros cenamos _____	
13. nosotros pasemos _____		31. él viva _____	
14. usted robe _____		32. yo prefiera _____	
15. tú contestes _____		33. ellos vendan _____	
16. él salude _____		34. nadie venda _____	
17. ella recuerde _____		35. nadie viva _____	
18. ustedes escuchen _____		36. tú abras _____	

Worksheet 5.3 Imperfect (past) subjunctive (-*er, -ir* verbs)

Regular -**er** and -**ir** verbs have the same endings in the imperfect subjunctive:

comer			
yo	com**iera**	nosotros(as)	com**iéramos**
tú	com**ieras**	vosotros(as)	com**ierais**
él, ella, usted	com**iera**	ellos, ellas, ustedes	com**ieran**

➤ Change the verbs from the present subjunctive to the imperfect subjunctive.

PRESENT SUBJUNCTIVE	IMPERFECT SUBJUNCTIVE		PRESENT SUBJUNCTIVE	IMPERFECT SUBJUNCTIVE
1. yo escriba _____			19. tú insistas _____	
2. ellos insistan _____			20. él asista _____	
3. tú vivas _____			21. ellos prefieran _____	
4. yo rompa _____			22. nosotros vivamos _____	
5. ellos cometan _____			23. él cubra _____	
6. Él beba _____			24. él se cubra _____	
7. usted venda _____			25. tú debas _____	
8. tú asistas _____			26. él se meta _____	
9. yo deba _____			27. ellos recojan _____	
10. Él reparta _____			28. usted aprenda _____	
11. yo coja _____			29. yo reciba _____	
12. ella escoja _____			30. nosotros comamos _____	
13. tú metas _____			31. él viva _____	
14. yo tema _____			32. yo prefiera _____	
15. él rompa _____			33. ellos vendan _____	
16. ellos descubran _____			34. nadie venda _____	
17. yo aprenda _____			35. nadie viva _____	
18. usted suba _____			36. tú abras _____	

Worksheet 5.4 Imperfect (past) subjunctive—irregular verbs

Verbs that are irregular in the imperfect subjunctive do not have irregular endings. Their stems, however, will match those of the third person plural of irregular preterites:

INFINITIVE	PRETERITE	STEM	INFINITIVE	PRETERITE	STEM
caber	cupieron	cup-	poner	pusieron	pus-
dar	dieron	d-	querer	quisieron	quis-
decir	dijeron	dij-*	saber	supieron	sup-
estar	estuvieron	estuv-	ser	fueron	fu-*
hacer	hicieron	hic-	tener	tuvieron	tuv-
ir	fueron	fu-*	traer	trajeron	traj-
poder	pudieron	pud-	venir	vinieron	vin-

*For these verbs the **-i-** is dropped from the imperfect subjunctive ending.

EXAMPLES:
diera diéramos fuera fuéramos oyera oyéramos
dieras dierais fueras fuerais oyeras oyerais
diera dieran fuera fueran oyera oyeran

➤ Change the verbs from the present subjunctive to the imperfect subjunctive.

PRESENT SUBJUNCTIVE	IMPERFECT SUBJUNCTIVE	PRESENT SUBJUNCTIVE	IMPERFECT SUBJUNCTIVE
1. él haga _____		19. ellos tengan _____	
2. nosotros oigamos _____		20. él conozca _____	
3. yo salga _____		21. nosotros demos _____	
4. ella venga _____		22. yo sea _____	
5. él diga _____		23. tú puedas _____	
6. yo vaya _____		24. ellos ofrezcan _____	
7. tú veas _____		25. ellos puedan _____	
8. yo pierda _____		26. yo haga _____	
9. tú sientas _____		27. ellos vayan _____	
10. ella sepa _____		28. usted traiga _____	
11. yo ponga _____		29. ustedes estén _____	
12. ellos hagan _____		30. nadie salga _____	
13. tú vengas _____		31. nosotros oigamos _____	
14. él se muera _____		32. ellas tengan _____	
15. nosotros vayamos _____		33. ustedes sean _____	
16. tú traduzcas _____		34. él se caiga _____	
17. usted oiga _____		35. usted quiera _____	
18. ellas quepan _____		36. tú estés _____	

Worksheet 5.5   Uses of the imperfect subjunctive

The same situations that trigger the subjunctive in the present tense will cause the imperfect subjunctive to be used in the past. If the meaning warrants, the imperfect subjunctive may also be used with main verbs that are in the present or the imperfect.

EXAMPLES:	MAIN VERB	*Past Subjunctive in the Dependent Clause*
	PRESENT	Yo dudo que Fernando **dejara** ayer los libros abandonados.
	PRETERITE	Fue necesario que él **tomara** parte en la discusión.
	IMPERFECT	Temíamos que ella no **llegara** a tiempo.

➤ Supply the imperfect subjunctive form of the verbs in parentheses.

1. Dudaron que mi amigo _____ (querer) verme.

2. Insistieron en que yo lo _____ (visitar) anoche.

3. Yo quería que tú no _____ (trabajar) ayer.

4. El médico te dijo que _____ (descansar) más.

5. Yo no quería que ellos le _____ (hacer) preguntas.

6. Yo temía que él no les _____ (decir) la verdad.

7. Yo preferiría que usted_____ (salir) con Maricarmen.

8. Era dudoso que ella _____ (aceptar) su invitación.

9. No querían que su hijo _____ (ser) comerciante.

10. Era improbable que él _____ (cambiar) de profesión.

11. Yo no creía que Juanita _____ (necesitar) anteojos.

12. Yo le aconsejé que _____ (consultar) a un buen optometrista.

13. No permitían que los estudiantes _____ (fumar) en clase.

14. Además prohibían que ellos _____ (mascar) chicle.

15. La bibliotecaria exigió que yo _____ (pagar) una multa.

16. Ella no deseaba que yo _____ (devolver) con retraso los libros.

17. Tú siempre insistías en que yo _____ (dormir) más.

18. Quería que tú no _____ (tener) que preocuparte de mí.

19. El camarero insistió en que yo _____ (dejar) una propina.

20. Yo dudaba que _____ (merecer) el veinte por ciento.

21. ¿No había nadie allí que _____ (saber) traducir mi carta?

22. Yo no pensaba que alguien _____ (leer) inglés en Maracaibo.

23. Siento mucho que tú no _____ (poder) contestar a la maestra.

24. Ella deseaba que nosotros _____ (*entender*) la lección.

Worksheet 5.6 Present or imperfect subjunctive?

➤ Supply either the present subjunctive or the imperfect subjunctive, whichever is required according to the main verb and meaning of the sentence.

1. Era necesario que ellos me _____ (avisar) de su llegada.

2. Insisten en que yo_____ (ir) con ellos al cine esta noche.

3. Insistieron en que yo _____ (ir) con ellos al cine anoche.

4. El profesor no permite que nosotros_____ (hablar) inglés en la clase.

5. Él insiste también en que todos los días nosotros _____ (tener) algo de práctica en

   conversación.

6. Ayer él insistió en que nosotros_____ (pasar) toda la hora conversando en español.

7. Era muy importante que tú _____ (tener) bastante dinero para cubrir

   los gastos del primer mes.

8. Temíamos que el avión_____ (llegar) con mucho atraso.

9. Fue muy justo que tú _____ (recibir) el primer premio.

10. Tú dudabas que ellos _____ (quedarse) allí más de un mes.

11. Yo dudo que ella_____ (tener) más de quince años.

12. No quieren que nadie _____ (mencionar) el asunto delante de ti.

13. No querían que nadie _____ (mencionar) el asunto delante de ti.

14. Temen que tú _____ (estar) un poco enferma.

15. Temían que tú _____ (estar) un poco enferma.

16. Llevé mi perro al parque esta mañana para que_____ (hacer) ejercicio.

17. El profesor dice que duda que Rodrigo_____ (pasar) sus exámenes.

18. El profesor dijo que dudaba que Rodrigo _____ (pasar) sus exámenes.

19. Dudo mucho que nosotros _____ (volver) aquí el año que viene.

20. Se solicita un guía que _____ (conocer) bien la ciudad.

21. Esa compañía exige que los empleados _____ (trabajar) los sábados.

22. Esa compañía exigía antes que los empleados_____ (trabajar) los sábados.

23. Mandaron a su hijo a Estados Unidos para que _____ (aprender) bien inglés.

24. Van a mandar a su hijo a Estados Unidos para que _____ (aprender) bien inglés.

Worksheet 5.7 Present subjunctive to imperfect subjunctive

➤ Change the main verb of each sentence to the past (preterite or imperfect) tense. Then change the verb in the subordinate clause from the present subjunctive to the imperfect subjunctive.

1. Yo *dudo* que ellos *lleguen* a tiempo. _____

2. Él *insiste* en que yo *vaya* con él. _____

3. Él *prefiere* que usted *haga* las decisiones. _____

4. *Es* necesario que tú *vengas* en seguida. _____

5. Yo *dudo* que él *tenga* bastante dinero para entrar en ese negocio. _____
_____

6. Me *alegro* de que Eduardo *pueda* acompañarnos. _____

7. *Insisten* en que cada pasajero *enseñe* todos sus documentos. _____
_____

8. Me *alegra* que tú *vayas* con nosotros. _____

9. *Temo* que usted se *canse* mucho en un viaje tan largo. _____

10. *Es* hora de que ustedes *empiecen* a leer algunos libros en español. _____
_____

11. *Es* importante que todo el mundo *venga* a tiempo. _____

12. La policia *exige* que todo el mundo *cumpla* con las leyes de tránsito. _____
_____

13. *Es* posible que tu *estés* enojada conmigo. _____

14. *Quieren* que tu hija *haga* un viaje a Europa antes de casarse. _____
_____

15. No *hay* nadie en la clase que *sepa* bien la gramática. _____

16. *Exigen* que el director *sea* un hombre de edad y experiencia. _____

17. *Exigen* también que todos los candidatos *tengan* más de cinco años de experiencia. _____
_____

18. *Preferimos* un guía que *hable* bien inglés. _____

19. *Necesitamos* una casa que *tenga* por lo menos tres cuartos de dormir. _____
_____

20. *Vamos* al parque todos los días para que los niños *hagan* ejercicio al aire libre. _____
_____

21. Me *extraña* mucho que el profesor nos *dé* la tarde libre. _____
_____

22. No *queremos* que usted *esté* solo el día de Navidad. _____

23. *Quiero* que ella *sepa* la verdad. _____

24. *Dudo* mucho que él *acepte* nuestra oferta. _____

Present and imperfect subjunctives

➤ Choose the form which corresponds with the meaning of the sentence.

1. Yo dudaba que el banco les _____ (preste, prestara) tal cantidad de dinero.

2. El médico me dijo que _____ (guarde, guardara) cama por lo menos una semana.

3. También me dijo que _____ (deje, dejara) de fumar.

4. Ella quiere que yo le _____ (ayude, ayudara) a empaquetar todos sus regalos de Navidad.

5. Insisten en que yo _____ (coma, comiera) en su casa esta noche.

6. Insistieron en que yo _____ (coma, comiera) en su casa anoche.

7. No permiten que nadie _____ (entre, entrara) allí.

8. El objeto de esta ley es que personas indeseables no _____ (entren, entraran) en el país.

9. Me sorprendió mucho que Eduardo _____ (hable, hablara) alemán con tanta facilidad.

10. Quiero que te _____ (manden, mandaran) en seguida las cosas que necesitas.

11. El padre me pidió que _____ (acompañe, acompañara) a su hija al concierto.

12. El tendrá que seguir yendo a esa escuela aunque no le _____ (guste, gustara).

13. Me pidieron que _____ (traiga, trajera) algunos discos a la fiesta.

14. No quiero que nadie me _____ (diga, dijera) lo que debo hacer.

15. No queríamos que tú le _____ (diga, dijeras) a Juan lo que íbamos a hacer.

16. Tienes miedo que él _____ (acepte, aceptara) la oferta de la otra compañía.

17. Tenían miedo que él _____ (deje, dejara) su trabajo con ellos para trabajar con otra compañía.

18. Tus padres no quieren que tú _____ (viajes, viajaras) durante el invierno.

19. También quieren que tú _____ (esperes, esperaras) otro año para casarte.

20. Fuimos allí para que los niños _____ (vean, vieran) la exposición.

21. Prefieres que él _____ (aprenda, aprendiera) un oficio.

22. Siempre insistían en que nos _____ (quedemos, quedáramos) todo el fin de semana.

Worksheet 5.8 Corresponding verb and noun forms

➤ Supply the corresponding noun form of each verb.

VERB FORM	NOUN FORM	VERB FORM	NOUN FORM
1. admirar	_____	26. eliminar	_____
2. arreglar	_____	27. gritar	_____
3. considerar	_____	28. golpear	_____
4. adjustar	_____	29. practicar	_____
5. pesar	_____	30. producir	_____
6. tratar	_____	31. perder	_____
7. aconsejar	_____	32. fracasar	_____
8. probar	_____	33. avisar	_____
9. acordar	_____	34. entrar	_____
10. divertir	_____	35. salir	_____
11. heredar	_____	36. invertir	_____
12. creer	_____	37. construir	_____
13. respirar	_____	38. educar	_____
14. inspeccionar	_____	39. enseñar	_____
15. obedecer	_____	40. anunciar	_____
16. quejar	_____	41. pintar	_____
17. mudar	_____	42. comprar	_____
18. mirar	_____	43. llover	_____
19. pensar	_____	44. nevar	_____
20. criticar	_____	45. aumentar	_____
21. existir	_____	46. proceder	_____
22. crecer	_____	47. ayudar	_____
23. enterrar	_____	48. visitar	_____
24. admitir	_____	49. cuidar	_____
25. coleccionar	_____	50. planear	_____

Worksheet 5.9 Corresponding adjective and noun Forms

➤ Supply the corresponding noun form of each adjective.

ADJECTIVE FORM	NOUN FORM	ADJECTIVE FORM	NOUN FORM
1. rápido		26. cortés	
2. loco		27. sorprendido	
3. limpio		28. curioso	
4. independiente		29. inocente	
5. maravilloso		30. orgulloso	
6. cansado		31. enfermo	
7. oscuro		32. simple	
8. excitado		33. triste	
9. joven		34. importante	
10. viejo		35. difícil	
11. popular		36. nervioso	
12. necesario		37. bello	
13. afectuoso		38. conveniente	
14. cariñoso		39. posible	
15. ambicioso		40. sarcástico	
16. famoso		41. débil	
17. regular		42. peligroso	
18. pobre		43. ausente	
19. rico		44. presente	
20. lujoso		45. religioso	
21. caliente		46. bondadoso	
22. feliz		47. silencioso	
23. diferente		48. celoso	
24. alegre		49. generoso	
25. desgraciado		50. saludable	

Vocabulary review—mistakes in fact

➤ Each of the following sentences has a mistake in fact, which appears in italics. Correct the mistake and write the proper form.

1. El primer mes del año es *diciembre.*_____

2. Si hoy es miércoles, anteayer fue *martes*_____

3. Un triángulo es una figura geométrica de *cuatro* lados. _____

4. El sol se pone siempre por el *este.* _____

5. Una persona sorda no puede *ver* bien. _____

6. El tigre y el león son animales *domésticos.* _____

7. En la palabra cafetería el acento cae sobre la *tercera* sílaba. _____

8. En una libra hay dieciséis *años.* _____

9. En el alfabeto inglés hay *veinticinco* letras. _____

10. El alfabeto español tiene *veinticuatro* letras. _____

11. En un reloj, la manecilla que indica los minutos es *más* corta que la manecilla que indica la hora.

    _____

12. El primer encuentro entre Colón y América fue en el siglo *dieciséis.* _____

13. El héroe nacional de *Venezuela* es José Martí. _____

14. El participio pasado del verbo decir es *diciendo.* _____

15. El participio pasado del verbo hacer es *haciendo.* _____

16. Por regla general, la carne se vende en una *panadería.* _____

17. Si un hombre quiere cortarse el pelo, va siempre a *un salón de belleza.* _____

18. El país más grande de Sudamérica es *el Perú.* _____

19. La capital de *Costa Rica* es San Juan. _____

20. En todos los países de Sudamérica se habla español, excepto en el Brasil, donde se habla *francés.*

    _____

21. La capital de Colombia es *Lima.* _____

22. La isla de Cuba está en el *Océano Pacífico*, a la entrada del Golfo de México. _____

23. El agua del mar es *dulce.* _____

24. El joyero vende juguetes. _____

General review

➤ Choose the correct form and write it in the blank.

1. Janet Richards acaba de _____ (graduar, graduarse) de la escuela secundaria.

2. Esta mañana se matricula en _____ (la, el) universidad.

3. Ella habla _____ (español, el español) un poco.

4. Su padre insiste en que ella se _____ (especialice, especializara) en contabilidad.

5. Su madre prefiere que estudie _____ (por, para) enfermera.

6. Janet no quiere ser contador _____ (ni, o) enfermera.

7. Ella prefiere hacer _____ (su, suya) propia decisión.

8. Lo que _____ (la, le) interesa es hacerse maestra bilingüe.

9. Ella espera _____ (aprender, que aprenda) a hablar español perfectamente.

10. También _____ (tendrá, tuviera) que estudiar la cultura hispánica.

11. Ella ya ha _____ (comprado, comprando) muchos libros.

12. Además está _____ (leído, leyendo) unas revistas mexicanas.

13. A ella _____ (le, les) gustan sus primeros cursos.

14. A sus profesores les _____ (gusta, gustan) Janet Richards.

15. Después de cuatro años de estudios, es posible que ella _____ (pudo, pueda) enseñar en Los Ángeles.

16. Ese distrito escolar siempre necesita maestras que _____ (sean, fueran) bilingües.

17. En su curso de fonología, ella aprende a pronunciar las vocales sin _____ (mover, muevan) los labios.

18. El profesor de gramática insiste en que los estudiantes _____ (saben, sepan) todas las reglas.

19. Era necesario que ellos _____ (distingan, distinguieran) entre el modo indicativo y el modo subjuntivo.

20. El profesor les dijo, _____ «(Aprenden, Aprendan) ustedes las reglas y les servirán muy bien.»

Busoapalabras

Name: _____ Date: _____

Pirámides de palabras

➤ Lean los definidos y escriban las palabras para formar pirámides de cuatro tamaños. Cada palabra contiene las misma letras (+ una letra nueva) que la palabra anterior.

DEFINIDOS   PIRÁMIDES

Vocal redonda   _____
Todo_____ que reluce no es oro.   _____ _____
Se parece a la lechuga.   _____ _____ _____
Enloquecido   _____ _____ _____ _____
Azul o rojo   _____ _____ _____ _____ _____

Una vocal que se pronuncia como **y**   _____
Yo creo que_____   _____ _____ _____
Yo tengo_____ libros   _____ _____ _____ _____
Ceremonia católica   _____ _____ _____ _____ _____
Ves   _____ _____ _____ _____ _____ _____
Hijas de mi tío   _____ _____ _____ _____ _____ _____ _____

Madre _____ hija   _____
Artículo definido   _____ _____
Quiero que ella _____ este libro.   _____ _____ _____
La materia de un vestido   _____ _____ _____ _____
El tamaño de un vestido   _____ _____ _____ _____ _____
Lugar de reparaciones   _____ _____ _____ _____ _____ _____
Del lado   _____ _____ _____ _____ _____ _____ _____

Conozco _____ Orozco.   _____
Entrega   _____ _____
Un boleto de _____ y vuelta   _____ _____ _____
Hay siete _____ en una semana.   _____ _____ _____ _____
Jugo de manzana   _____ _____ _____ _____ _____
Secos   _____ _____ _____ _____ _____ _____
Esposos   _____ _____ _____ _____ _____ _____ _____
No estan despiertas, están _____ _____ _____ _____ _____ _____ _____ _____

Part 6

Contents

Worksheet 6.1 Future-possible conditions

Future-possible conditions are frequently expressed in inverted sentences, consisting of a dependent *if*-clause followed by the main clause. The dependent clause will be in the present indicative tense, and the main clause will be in the future tense:

EXAMPLES: **Si** Juan viene, traerá **los discos.**   *If John comes, he will bring the records.*
       Si llueve, comeremos **en casa.**   *If it rains, we shall eat at home.*

➤ Supply the present tense form required in the *if*-clause of each sentence.

1. Si Juan _____ (venir), nos ayudará.

2. Si el tiempo _____ (ser) bueno mañana, iremos a la playa.

3. Si tú _____ (estudiar) bien, seguramente te graduarás.

4. Si ellos _____ (poder) renovar sus visas, se quedarán otro mes.

5. Si Enrique _____ (preparar) sus lecciones, sacará buenas notas.

6. Si yo _____ (ver) a Pedro mañana, hablaremos del asunto.

7. Si él _____ (llegar) a tiempo, nos los explicará mañana.

8. Si Guillermo _____ (estar) presente, la reunión será interesante.

9. Si _____ (llover) mañana, nos quedaremos en casa en vez de salir.

10. Si yo _____ (poder) comunicarme con él, lo invitará a la fiesta.

11. Si no _____ (llover) mañana, haremos una excursión al campo.

12. Si María _____ (llamar) por teléfono, le daré tu mensaje.

13. Si _____ (hacer) mucho frío este invierno, necesitarás un abrigo.

14. Si usted _____ (esperar) unos minutos más, Fernando le ayudará.

15. Si el precio no _____ (ser) muy alto, compraré un automóvil.

16. Si yo _____ (tener) tiempo mañana, iré al Museo de Historia.

17. Si tú _____ (querer) aprender a manejar, te enseñaré.

18. Si Rosa _____ (preferir) quedarse con mi libro, yo compraré otro.

19. Si _____ (perder) mis llaves, llamaré al cerrajero.

20. Si Juanito _____ (portarse) mal, la maestra hablará con su padre.

21. Si nuestro equipo _____ (ganar), lo celebraremos.

22. Si yo _____ (saber) la respuesta, se la diré.

Worksheet 6.2 More on future-possible conditions

➤ Supply the future tense form required in the main clause of each sentence.

1. Si el estudia bien, seguramente _____ (pasar) sus exámenes.

2. Si mañana hace buen tiempo, nosotros _____ (ir) a la playa.

3. Si nos casamos ahora, _____ (tener) que vivir con mis padres.

4. Si usted se acuesta temprano, no _____ (estar) cansado mañana.

5. Si el tiempo sigue siendo malo, yo _____ (cambiar) mis planes.

6. Si tú esperas en esta esquina, la _____ (ver) cuando ella pase.

7. Si nosotros decidimos ir de compras mañana, lo_____ (llamar).

8. Si veo a Margarita más tarde, le _____ (dar) el mensaje de usted.

9. Si ellos salen temprano, no _____ (tener) que apurarse.

10. Si tú asistes a esta clase, con tiempo _____ (aprender) a coser.

11. Si él se apura, _____ (poder) ir con nosotros.

12. Si el perro muerde a la niña, yo la_____ (llevar) al médico.

13. Si nosotros no nos apuramos,_____ (perder) el tren.

14. Si saco buenas notas, mis padres _____ (estar) muy contentos.

15. Si la compañía me da vacaciones, yo _____ (viajar) a Puerto Rico.

16. Si me invitan a la boda, les _____ (tener) que comprar un regalo.

17. Si el tren sale a las dos, ¿a qué hora _____ (llegar) allí?

18. Si invito a Raquel al baile, ¿se _____ (enojar) Dolores?

19. Si vendo mi automóvil ahora, ¿me _____ (prestar) el tuyo?

20. Si la situación económica no cambia, yo _____ (perder) todo.

21. Si vienen a las seis,_____ (querer) cenar con nosotros.

22. Si invertimos nuestro capital en acciones, no _____ (poder) comprar bienes raíces.

Worksheet 6.3 Present-unreal conditions

A present-unreal condition refers in general to the present and indicates a contrary-to-fact situation.
The verb in the *if*-clause will be in the imperfect subjunctive, and the verb in the main clause will be in the conditional tense.

The following sentences are contrary-to-fact because John does not have a car and Mary does not know how to swim:

EXAMPLES: Si Juan **tuviera** un automóvil, **pasaría** sus vacaciones en el campo.
If John had an automobile, he would spend his vacation in the country.

Si María **supiera** nadar, **iría** a la playa todos los días.
If Mary knew how to swim, she would go to the beach every day.

➤ Supply the imperfect subjunctive form of the verb in parentheses, as required in the *if*-clause.

1. Si tú _____ (saber) el español, tendrías un buen puesto.

2. Si yo _____ (tener) dinero, compraría un automóvil nuevo.

3. Si ella _____ (hacer) sus tareas, sacaría mejores notas.

4. Si yo la _____ (conocer) bien, se la presentaría a usted.

5. Si Enrique _____ (estar) aquí, el podría ayudarles.

6. Si yo _____ (poder) ayudarles, lo haría con mucho gusto.

7. Si yo _____ (ser) usted, no hablaría más de ese asunto.

8. Si ellos me _____ (tratar) así, nunca volvería a su casa.

9. Si nosotros _____ (tener) más práctica, pintaríamos mejor.

10. Si yo me _____ (sentir) mejor, te acompañaría al teatro.

11. Si tú _____ (saber) nadar, pasaríamos el domingo en la playa.

12. Si ella _____ (estudiar) más, podría ser la mejor alumna.

13. Si él _____ (ahorrar) su dinero, sería un hombre muy rico.

14. Si todos _____ (caber) en el coche, iríamos juntos.

15. Si usted _____ (querer) cenar aquí, seguiríamos hablando.

16. Si tú no te _____ (haber) caído, no te habrías lastimado.

17. Si mi hijo _____ (leer) el periódico, se informaría más.

18. Si ella no _____ (lucir) sus joyas, no se las habrían robado.

19. Si tú _____ (probar) las espinacas, te gustarían.

20. Si nosotros _____ (comer) menos bombones, seríamos delgados.

21. Si usted _____ (salir) con Luisa, los dos se divertirían.

22. Si tú _____ (prender) la lámpara, podrías leer la teleguía.

Worksheet 6.4 More on present-unreal conditions

➤ Supply the conditional tense of the verbs in parentheses, as required in the main clause.

1. Si hiciera más calor, nosotros _____ (pasar) unas horas en la piscina hoy.

2. Si él fuera un buen amigo suyo, no _____ (hablar) de usted en esa forma.

3. Si la vida aquí no fuera tan cara, _____ (venir) más turistas.

4. Si supiéramos su número telefónico,_____ (poder) llamarlo a su casa.

5. Si tú fueras millonario, _____ (viajar) por todo el mundo.

6. Si yo no estuviera tan ocupado hoy, _____ (dormir) la siesta.

7. Si los niños no hicieran tanto ruido, yo _____ (poder) concentrarme mejor en el trabajo.

8. Si supieras manejar, _____ (poder) llevarnos al aeropuerto.

9. Si ella no fuera tan joven,_____ (hacer) el viaje sola.

10. Si la situación fuera más estable, ellos_____ (mandar) a su hijo a estudiar a Europa.

11. Si yo supiera hablar español tan bien como usted, _____ (estar) muy contento.

12. Si ésta fuera una compañía más grande, yo _____ (aceptar) su oferta en seguida.

13. Si tuvieras suficiente dinero, _____ (poder) entrar en ese negocio.

14. Si este edificio no tuviera ascensor, nosotros no_____ (vivir) aquí.

15. Si ella quisiera,_____ (ir) con nosotros.

16. Si usted supiera lo que él hizo, no lo _____ (considerar) como persona de confianza.

17. Si le mandáramos un telegrama, él lo _____ (recibir) hoy mismo.

18. Si esos muebles no fueran tan caros, me_____ (gustar) comprarlos.

19. Si tú esposa no fuera tan gastadora, tú _____ (poder) ahorrar mucho dinero.

20. Si los Pérez no vivieran tan lejos, nosotros los _____ (visitar) con más frecuencia.

21. Si ella fuera un poco más alta, _____ (ser) una mujer muy atractiva.

22. Si escribieras el capítulo final, _____ (completar) tu primera novela.

Worksheet 6.5   More on present-unreal conditions

‰ Supply the imperfect subjunctive of the verb in the *if*-clause, and the conditional tense of the verb in the main clause.

1. Si él _____ (manejar) con más cuidado, _____ (tener) menos accidentes.

2. Si tú _____ (estudiar) más, _____ (pasar) todos tus exámenes fácilmente.

3. Si yo _____ (estar) en el lugar de usted, no _____ (hablar) más con ellos de ese asunto.

4. Si Ramón _____ (estar) aquí, él _____ (poder) ayudarles en ese trabajo.

5. Si a ella le _____ (gustar) más los idiomas, le _____ (ser) más fácil aprenderlos.

6. Si ellos _____ (tener) más práctica en conversación, _____ (hablar) mejor español.

7. Si yo _____ (tener) más tiempo libre, _____ (leer) algunas novelas españolas.

8. Si nosotros _____ (salir) en seguida, _____ (poder) llegar allí antes del mediodía.

9. Si tú _____ (tomar) el tren que sale a las ocho, ¿a qué hora _____ (llegar) allí?

10. Si este cuarto _____ (ser) un poco más grande, _____ (ser) más fácil de amueblar.

11. Si usted _____ (asistir) a la clase con regularidad, _____ (progresar) más.

12. Si él _____ (ser) una persona verdaderamente capaz, no _____ (estar) sin trabajo.

13. Si yo _____ (tener) el dinero, lo _____ (invertir) en ese negocio en seguida.

14. Si tú _____ (ser) un poco más ambicioso, _____ (poder) llegar a ser presidente de esa compañía.

15. Si yo _____ (estar) en Nueva York ahora, _____ (ir) al teatro todas las noches.

16. Si nosotros _____ (hablar) español bien, _____ (ir) a Sudamérica este verano.

17. Si él me _____ (tratar) con más consideración, yo lo _____ (respetar) más.

18. Si hoy _____ (ser) sábado, yo no _____ (tener) que

    trabajar.

19. Si tú _____ (comprender) la astrologia, no te _____ (burlar) de

    nosotros.

20. Si _____ (enriquecer) tu vocabulario, tus cartas_____ (ser) más

    interesantes.

21. Si nosotros _____ (estar) en Roma, nosotros_____ (hacer) como

    los romanos.

22. Si yo _____ (poseer) más inteligencia,_____ (entender) la

    geometría.

Worksheet 6.6 More on present-unreal conditions

➤ Change the verb in the *if*-clause, to the imperfect subjunctive and the verb in the main clause to the conditional. Note the contrary-to-fact quality of the altered sentence, and write the two verbs in the blank spaces.

1. Si *tengo* tiempo, *iré* allí. _____

2. Si *estudias* mucho este semestre, *sacarás* buenas notas. _____

3. Si ella *sigue* trabajando tanto, se *enfermará*. _____

4. Si no *hace* mucho frío, *iremos* a la playa hoy. _____

5. Si *sabe* bien el español, *podrá* conseguir un buen puesto como secretaria bilingüe.

   _____

6. Si nos *gusta* el clima, *pasaremos* todo el invierno allí. _____

7. Si *veo* a Ramón, le *daré* su mensaje. _____

8. Si tú *vienes*, nos *ayudarás* con este trabajo. _____

9. Si usted *espera* unos minutos, *verá* a Elena. _____

10. Si él *trabaja* bien, le *darán* un aumento de sueldo. _____

11. Si ellos *pueden* renovar sus visas, *se quedarán* aquí otro mes. _____

12. Si me *pagan* hoy, *estaré* muy agradecido. _____

13. Si no *llueve*, *haremos* una excursión al campo. _____

14. Si tú *llegas* a tiempo, nos lo *explicarás* todo. _____

15. Si José *está* presente, la reunión *será* un éxito. _____

16. Si ella *pasa* todos sus exámenes, *se graduará* en junio. _____

17. Si yo no le *hablo* así, no me *hará* caso. _____

18. Si *llegamos* a un acuerdo, *firmaremos* el contrato hoy. _____

19. Si ella *se apura*, *podrá* ir con nosotros. _____

20. Si *se casan* ahora, *tendrán* que vivir con los padres de él. _____

Worksheet 6.7 Past-unreal conditions (past perfect subjunctive)

All subjunctives express a degree of uncertainty. In sentences with *if*-clauses, the uncertainty is total. To move the contrary-to-fact action deeper into the past, Spanish uses the past perfect (pluperfect) subjunctive in the *if*-clause and the conditional perfect in the main clause:

EXAMPLE: Si usted **hubiera hablado** con Juan, él le **habría ayudado.**
            *If you **had talked** with John, he **would have helped** you.*

Note that the past perfect subjunctive employs the imperfect subjunctive of the helping verb **haber** plus the past participle:

haber			
yo	hubiera hablado	nosotros(as)	hubiéramos hablado
tú	hubieras hablado	vosotros(as)	hubierais hablado
él, ella, usted	hubiera hablado	ellos, ellas, ustedes	hubieran hablado

➤ Change the verb from the imperfect subjunctive to the past perfect subjunctive.

IMPERFECT SUBJUNCTIVE	PAST PERFECT SUBJUNCTIVE	
	Helping Verb	**Past Participle**
1. (*si*) él llegara	_____	_____
2. (*si*) yo tuviera	_____	_____
3. (*si*) ella supiera	_____	_____
4. (*si*) tú conocieras	_____	_____
5. (*si*) ellos vinieran	_____	_____
6. (*si*) nosotros pasáramos	_____	_____
7. (*si*) nosotras trabajáramos	_____	_____
8. (*si*) ella explicara	_____	_____
9. (*si*) usted estuviera	_____	_____
10. (*si*) tú fueras	_____	_____
11. (*si*) me gustara	_____	_____
12. (*si*) yo visitara	_____	_____
13. (*si*) nosotros volviéramos	_____	_____
14. (*si*) él insistiera	_____	_____
15. (*si*) yo cambiara	_____	_____
16. (*si*) ella escribiera	_____	_____
17. (*si*) él asistiera	_____	_____

IMPERFECT SUBJUNCTIVE	PAST PERFECT SUBJUNCTIVE	
	Helping Verb	**Past Participle**
18. (*si*) tú prepararas	_____	_____
19. (*si*) ustedes dijeran	_____	_____
20. (*si*) tú quisieras	_____	_____
21. (*si*) yo preguntara	_____	_____
22. (*si*) ella trajera	_____	_____
23. (*si*) usted cometiera	_____	_____
24. (*si*) tú te levantaras	_____	_____
25. (*si*) él se acostara	_____	_____
26. (*si*) ellos prestaran	_____	_____
27. (*si*) yo pusiera	_____	_____
28. (*si*) nosotros aprendiéramos	_____	_____
29. (*si*) tú hicieras	_____	_____
30. (*si*) ustedes oyeran	_____	_____

Worksheet 6.8 More on past-unreal conditions (past perfect subjunctive)

The conditional perfect tense is formed with **haber** used as an auxiliary and the past participle of the main verb:

haber			
yo	habría comido	nosotros(as)	habríamos comido
tu	habrías comido	vosotros(as)	habríais comido
él, ella, usted	habría comido	ellos, ellas, ustedes	habrían comido

EXAMPLE: Si usted **hubiera cenado** en el hotel, la cena le **habría costado** más.
*If you **had dined** at the hotel, dinner **would have cost** you more.*

➤ Change the verb from present conditional to the conditional perfect, then to the past perfect subjunctive.

PRESENT CONDITIONAL	CONDITIONAL PERFECT	PAST PERFECT SUBJUNCTIVE
1. yo hablaría	habría hablado	hubiera hablado
2. él viviría		
3. ella escribiría		
4. usted vendría		
5. tú harías		
6. ellos esperarían		
7. nosotros comeríamos		
8. tú estudiarías		
9. yo tendría		
10. ellos estarían		
11. usted sería		
12. yo sabría		
13. tú pondrías		
14. usted trabajaría		
15. ella explicaría		
16. me gustaría		
17. él cabría		
18. ustedes prepararían		
19. tú dirías		

PRESENT CONDITIONAL	CONDITIONAL PERFECT	PAST PERFECT SUBJUNCTIVE
20. él se levantaría	_____	_____
21. usted traería	_____	_____
22. Josefina llegaría	_____	_____
23. ellos soltarían	_____	_____
24. nosotros imprimiríamos	_____	_____
25. nosotras nos reiríamos	_____	_____
26. ella querría	_____	_____
27. yo abriría	_____	_____
28. nadie buscaría	_____	_____
29. ustedes oirían	_____	_____
30. nosotros nos arrodillaríamos	_____	_____

Worksheet 6.9 More on past-unreal conditions (past perfect subjunctive)

All the following sentences contain situations that are unreal or contrary-to-fact. Note the use of the past perfect subjunctive in the *if*-clause and the conditional perfect in the main clause:

EXAMPLE: Si Juan **hubiera tenido** un automóvil más nuevo, **habría viajado** más lejos.
*If John **had had** a newer automobile, he **would have travelled** farther.*

➤ Supply the past perfect subjunctive tense of the verbs in parentheses, as required in the *if clause*.

1. Si usted _____ (usar) su impermeable, no se habría mojado tanto.

2. Si tú _____ (ser) más razonable, habríamos llegado a un acuerdo fácilmente.

3. Si ustedes _____ (saber) bien las reglas, no habrían cometido tantos errores en sus exámenes.

4. Si sus padres _____ (dar) su permiso, él se habría enlistado en la marina.

5. Si tú _____ (necesitar) dinero, se lo habrías pedido prestado a tu tío.

6. Si Ana López no _____ (estar) enferma, ella y su esposo habrían ido a Europa este verano.

7. Si el senador no _____ (cambiar) de opinión, la discusión no habría terminado nunca.

8. Si los obreros _____ (recibir) lo que merecían, habrían estado muy contentos.

9. Si el señor Iglesias no _____ (entrar) en el asunto, todo habría salido bien.

10. Si usted _____ (estudiar) más, habría pasado sus exámenes.

11. Si no _____ (hacer) tanto frío ayer, habríamos ido a la playa.

12. Susana dice que si _____ (tener) un vestido nuevo, habría ido al baile.

13. Si tú _____ (saber) algo de la historia del país, habrías entendido mejor las costumbres.

14. Si él _____ (venir) a tiempo, yo habría hablado con él.

15. Si yo _____ (saber) su nombre, se lo habría presentado a usted.

16. Si yo _____ (tener) su número de teléfono, lo habría llamado anoche.

17. Si tú _____ (levantarse) más temprano, no habías llegado tarde a la escuela.

18. Si el muchacho _____ (saber) nadar bien, no se habría asustado.

Worksheet 6.10 More on past-unreal conditions (past perfect subjunctive)

➤ Supply the conditional perfect tense of the verbs in parentheses.

1. Si yo le hubiera puesto más azúcar, la limonada _____

    (ser) más dulce.

2. Si tú le hubieras agregado un poco de sal, _____

    (resultar) más sabrosa (la gallina.)

3. Si usted no hubiera roto el televisor, nosotros _____

    (ver) el campeonato.

4. Si hubiéramos ido con los vecinos al cine, no _____

    (ver) televisión.

5. Si ella hubiera aceptado el puesto en el gobierno, _____

    (avanzar) rápidamente.

6. Si yo no hubiera tenido que vivir en Inglaterra, me_____

    (gustar) más.

7. Si los indios de Tlaxcala no hubieran ayudado a Cortés, los aztecas lo _____

    _____ (matar).

8. Si Pedro de Alvarado no hubiera maltratado a los indios, no _____

    (morir) tantos inocentes.

9. Si no hubiéramos obtenido esta tarjeta de crédito, no _____

    (comprar) este piano.

10. Si tú hubieras practicado regularmente, lo _____

    _____ (aprender) a tocar mucho mejor.

11. Si usted hubiera llevado esa lámpara con más cuidado, no la _____

    _____ (romper).

12. Si hubiera encontrado una semejante, se la _____

    _____ (reemplazar).

13. Si tú no hubieras recordado nuestro aniversario, me _____ (enojar).

14. Si tú te hubieras enojado conmigo me _____

    (entristecer) mucho.

15. Si hubiéramos nacido en Francia,_____ (ser) franceses.

16. Si nosotros hubiéramos sido franceses,_____

    (celebrar) el catorce de julio.

17. Si usted hubiera pescado en el otro lado del río, _____

    (coger) más pescados.

18. Si yo hubiera ido al otro lado del río, los pescados _____

    (cruzar) a este lado.

19. Si tú hubieras cumplido dieciocho años,_____

    (votar) en esta elección.

20. Si yo hubiera podido votar en la elección, _____

    (leer) más sobre los candidatos.

Worksheet 6.11 More on past-unreal conditions (past perfect subjunctive)

➤ Supply the required past perfect subjunctive of the verb in the *if*-clause, and the conditional perfect tense of the verb in the main clause.

1. Si él _____ (manejar) con más cuidado, el accidente no _____
   _____ (ocurrir).

2. Si nosotros _____ (entender) español, _____
   _____ (disfrutar) más el viaje.

3. Si ella _____ (tener) más experiencia, _____
   _____ (obtener) ese trabajo.

4. Si tú _____ (estudiar) más el álgebra, _____
   _____ (aprobar) los exámenes.

5. Si ellos no _____ (ser) tan pobres, _____
   _____ (mandar) a su hija a una escuela de ballet.

6. Si la casa _____ (ser) un poco más grande, sin duda nosotros la _____
   _____ (comprar).

7. Si usted _____ (llegar) cinco minutos antes, _____
   _____ (poder) hablar con el jefe.

8. Si yo _____ (conocer) mejor a esa muchacha, la _____
   _____ (invitar) a salir conmigo.

9. Si el jefe me _____ (tratar) así, yo _____
   _____ (buscar) trabajo en otra fábrica.

10. Si tú _____ (asistir) a la clase todos los días, _____
    _____ (progresar) más.

11. Si ellos _____ (venir) en taxi, no _____
    _____ (llegar) tan tarde.

12. Si ayer _____ (ser) domingo, nosotros _____
    _____ (ir) a la iglesia como de costumbre.

13. Si ayer no _____ (llover), Juan y yo _____
    _____ (ir) al juego de pelota.

14. Si yo no _____ (estar) tan cansado anoche, _____
    _____ (ir) al juego de pelota con ustedes.

15. Si ella _____ (poner) más atención en clase, se _____
    _____ (graduar) con honores.

Worksheet 6.12 More on past-unreal conditions (past perfect subjunctive)

➤ Transform these sentences to the past-unreal pattern by changing the verb in the if clause to the past perfect subjunctive and the verb in the main clause to the conditional perfect tense.

1. Si ella *pasara* sus exámenes, se *graduaría* en junio. _____

_____

2. Si él *fuera* buen amigo suyo, no *hablaría* de usted en esa forma. _____

_____

3. Si ella *comiera* menos, *estaría* más delgada. _____

_____

4. Si tú *estuvieras* aquí, la fiesta *sería* más agradable. _____

_____

5. Si usted *se quedara* aquí más tiempo, *aprendería* a hablar español bien. _____

_____

6. Si le *dieran* un aumento de sueldo, *estaría* más contento en su trabajo. _____

_____

7. Si *tuviéramos* su número de teléfono, lo *llamaríamos* en seguida. _____

_____

8. Si tú *te acostaras* más temprano, no te *sentirías* tan cansado. _____

_____

9. Si él *tuviera* más paciencia, *sería* mejor profesor. _____

_____

10. Si no *hiciera* tanto calor, *tendríamos* más ganas de trabajar. _____

_____

11. Si él *supiera* manejar, *buscaría* trabajo como chófer. _____

_____

12. Si yo *tomara* el avión de las ocho, ¿a qué hora *llegaría* en Bogotá? _____

_____

13. Si él *fuera* más ambicioso, no *estaría* contento en un puesto insignificante. _____

_____

14. Si yo *fuera* usted, no le *prestaría* más dinero a Enrique. _____

_____

15. Si ellos no *vivieran* tan lejos, los *visitaríamos* más a menudo. _____

_____

16. Si tú *dejaras* de fumar, no *tendrías* esa horrible tos todas las mañanas. _____

_____

17. Si las tiendas *estuvieran* abiertas, *iríamos* de compras hoy. _____

_____

18. Si ella *siguiera* las instrucciones del médico, *se sentiría* mejor. _____

_____

Worksheet 6.13 *Quisiera*

To express *want* in Spanish, we use the verb **querer.** To soften this expression, we often substitute the past subjunctive for the present indicative:

EXAMPLES: WANT TO   WOULD LIKE TO…

              Yo **quiero bailar** con Rosa.   Yo **quisiera bailar** con Rosa.

              Ellos **quieren bailar** con Rosa.   Ellos **quisieran bailar** con Rosa.

The verb **querer** never takes a preposition. Remember that only the infinitive of a verb may directly follow another verb.

If there is a change in subject after **quisiera,** a dependent clause with a past subjunctive verb must be introduced:

EXAMPLE: Él **quiere** que usted lo **acompañe.**   *He **wants** to **accompany** you.*

             El **quisiera** que usted lo **acompañara.**   *He **would** like you **to accompany** him.*

➤ Introduce a subordinate clause beginning with **que usted** and change the verb to the imperfect subjunctive.

1. Él quisiera *volver* más tarde. …que usted _____

2. Yo quisiera *hacerlo* en seguida. …que usted _____

3. Yo quisiera *llegar* temprano. …que usted _____

4. El médico quisiera *ir* al hospital ahora. … que usted _____

5. Yo quisiera *tener* más tiempo para estudiar. …que usted _____

6. Yo quisiera *comprarle* un buen regalo. …que usted _____

7. Mi madre quisiera *acompañarnos* al baile.. …que usted _____

8. Yo quisiera *ser* menos gastador. …que usted _____

9. Yo quisiera *poder* viajar a la Argentina. …que usted _____

10. El profesor quisiera *esperar* un día más. …que usted _____

11. Yo quisiera *estar* de vuelta a la una. …que usted _____

12. Yo quisiera *hablar* español perfectamente. …que usted _____

13. Yo quisiera *conocer* la mejor.. …que usted _____

14. Él quisiera *ir* directamente al pueblo.. …que usted _____

15. Ellos quisieran *ver* la exposición. …que usted _____

16. Él quisiera *ponerse* la chaqueta nueva. …que usted _____

17. Nosotros quisiéramos *estudiar* con ellos. …que usted _____

18. Yo quisiera *sacar* mejores notas este semestre. …que usted _____

19. El quisiera *conocer* las costumbres aztecas.. … que usted _____

20. Nosotros quisiéramos *tocarle* una canción. …que usted _____

Worksheet 6.14 Subjunctives after compound relative pronouns

Compound relative pronouns, such as **quienquiera** *(whoever)*, **cualquiera** *(whatever, whichever)*, **dondequiera** *(wherever)*, are always followed by **que** and the subjunctive if a future action is implied:

EXAMPLES: **Quienquiera** que lo vea, lo admira mucho.
Dondequiera que vayamos, podremos oír español.

The subjunctive is also used after **ojalá (que)**, to express wish or hope. This interjection is a remnant of the 781-year Moorish occupation of Spain. Its literal Arabic meaning, *Allah willing*, does not apply in Spanish.

EXAMPLE: **Ojalá** *(I hope)* que ella venga al concierto conmigo.
Ojalá *(I wish)* que yo la conociera mejor.

➤ Supply the required subjunctive form for the verbs in parentheses.

1. Quienquiera que _____ (leer) este libro, le gustará.

2. Comoquiera que _____ (ser), ella es mi hermana.

3. Ojalá que no _____ (llover) mañana.

4. Quienquiera que lo _____ (conocer) bien, no lo olvidaré.

5. Dondequiera que tú _____ (ir), verás las mismas condiciones.

6. Ojalá que ellos _____ (llegar) a tiempo al aeropuerto.

7. Ojalá que yo _____ (aprobar) todos mis exámenes este año.

8. Ojalá que yo _____ (saber) nadar bien en el océano.

9. Ojalá que tú _____ (hablar) hoy con ellos sobre el asunto.

10. Ojalá que yo _____ (tener) esta información para la semana próxima.

11. Ojalá que el tiempo mañana _____ (ser) mejor que ayer.

12. Ojalá que no _____ (hacer) mucho frío en la playa.

13. Cualquiera que _____ (ser) la causa, el resultado es el mismo.

14. Dondequiera que él _____ (estar), lo encontraremos.

15. Dondequiera que ustedes _____ (ir), oirán esta canción.

16. Quienquiera que _____ (recibir) la noticia, se alarmará.

17. Ojalá que Roberto _____ (recibir) el trofeo permanente.

18. Ojalá que tú _____ (aliviarse) muy pronto de la gripe.

19. Este libro será útil para quienquiera que lo _____ (estudiar).

20. Usted podrá hacerse entender dondequiera que _____ (ir).

Worksheet 6.15 Corresponding noun and verb forms

➤ Supply the corresponding verb form for each of the following nouns.

NOUN	VERB	NOUN	VERB
1. decisión	_____	26. explicación	_____
2. viaje	_____	27. golpe	_____
3. deseo	_____	28. grito	_____
4. empleo	_____	29. prueba	_____
5. pelea	_____	30. aumento	_____
6. susto	_____	31. cuidado	_____
7. sorpresa	_____	32. nieve	_____
8. limpieza	_____	33. lluvia	_____
9. confianza	_____	34. descripción	_____
10. promesa	_____	35. traducción	_____
11. pregunta	_____	36. arreglo	_____
12. fracaso	_____	37. ayuda	_____
13. entierro	_____	38. cambio	_____
14. protección	_____	39. producción	_____
15. ganancia	_____	40. abrazo	_____
16. pérdida	_____	41. beso	_____
17. repaso	_____	42. mirada	_____
18. remedio	_____	43. reservación	_____
19. robo	_____	44. satisfacción	_____
20. invitación	_____	45. aprendizaje	_____
21. queja	_____	46. nacimiento	_____
22. examen	_____	47. paseo	_____
23. paquete	_____	48. pago	_____
24. mentira	_____	49. aburrimiento	_____
25. llegada	_____	50. castigo	_____

Worksheet 6.16 Reflexive verbs—special meanings

You already know that **hacer** means *to do* or *to make*, but you may not know that **hacerse**, the same verb used reflexively, means *to become*. Here are some other verbs that have special meanings in their reflexive forms:

acostarse	*to go to bed*	**irse**	*to go away*	**ponerse**	*to put on*
caerse	*to fall down*	**levantarse**	*to get up*	**ponerse a**	*to begin to*
perderse	*to get lost*	**llamarse**	*to be named*	**quitarse**	*to take off*
despertarse	*to wake up*	**morirse**	*to die*	**reírse de**	*to ridicule*
dormirse	*to fall asleep*	**parecerce**	*to resemble*	**romperse**	*to break*
enamorarse	*to fall in love*	**pintarse**	*to (apply) make up*	**sentarse**	*to sit down*

➤ Choose either the reflexive or the nonreflexive forrn of the verbs in parentheses, as required by the meaning of the sentence.

1. Nuestro profesor _____ (llama, se llama) Alberto López.

2. _____ (Llamé, me llamé) a la puerta, pero nadie contestó.

3. _____ (Quita, Quítate) el sombrero en el ascensor.

4. ¿Cómo _____ (quitamos, nos quitamos) esas manchas del mantel?

5. Los niños _____ (pusieron, se pusieron) a llorar.

6. Cuando habla con muchachas, Luis _____ (pone, se pone) colorado.

7. El pobre viejo _____ (cayó, se cayó) en las escaleras.

8. Las jóvenes _____ (pintaron, se pintaron) los labios.

9. La señora _____ (sentó, se sentó) cerca de sus hijos.

10. Tu madre _____ (parece, se parece) más delgada que nunca.

11. Tú _____ (pareces, te pareces) mucho a tu padre.

12. Ellas _____ (levantan, se levantan) a las siete y media.

13. Si no me entiendes, _____ (levanta, levántate) la mano.

14. Con tanto ruido _____ (vuelvo, me vuelvo) loco.

15. Mi padre _____ (hizo, se hizo) mucho dinero este año.

16. Por fin _____ (acostamos, nos acostamos) a todos los niños.

17. Ellos _____ (acostaron, se acostaron) muy tarde anoche.

18. Mañana _____ (vamos, nos vamos) a comer en un restaurante.

19. El concierto es medio aburrido. Yo ya _____ (voy, me voy).

20. El chico _____ (perdió, se perdió) en la gran ciudad.

21. El presidente del club _____ (apellida, se apellida) Romero.

22. Siento mucho _____ (haber dormido, haberme dormido) en clase.

Worksheet 6.17   Reciprocal action verbs

If two or more subjects of a verb perform the action of the verb upon each other, the action is reciprocal.
The verb will be identical in form to a reflexive verb and must, of course, be plural.

EXAMPLES: Los recién casados **se besaron.**   *The newlyweds **kissed each other.***
                        Nos ayudamos con los quehaceres.   ***We helped one another** with the chores.*

➤ Using the preterite or imperfect tense, change the verb in parentheses to the reciprocal form.

1. Los boxeadores _____ (pegar) mucho.

2. Mi padre y yo _____ (abrazar).

3. Cuando llega el tren, ellos _____ (despedir).

4. Los coches _____ (chocar) el uno con el otro.

5. Carlos y Marta _____ (conocer) en la biblioteca.

6. Los dos campeones _____ (felicitar).

7. Tú y yo _____ (saludar) en la plaza.

8. Mi esposa y yo _____ (regalar) relojes.

9. El perro y el gato _____ (mirar) con curiosidad.

10. Hace diez años las gemelas _____ (parecer) más.

11. Los dos soldados _____ (sorprender) con su valor.

12. Los tres primos _____ (prometer) viajar juntos.

13. Las dos actrices _____ (admirar) en secreto la una a la otra.

14. Los familiares _____ (saludar) en el jardín.

15. Las hermanas _____ (prestar) vestidos con frecuencia.

16. Nosotros nunca _____ (pelear).

17. Los dos hombres _____ (reconocer) en seguida.

18. Los muchachos _____ (lastimar) en la lucha.

19. Los payasos _____ (reír) los unos de los otros.

20. El otro candidato y yo _____ (desear) buena suerte.

21. Ella y su hermana nunca _____ (hablar) de sus novios.

22. El plomero y el carpintero _____ (ayudar) anteayer.

Worksheet 6.18 Relative pronouns *que, quien*

As a relative pronoun, **que** may introduce an adjectival clause or a noun clause.

EXAMPLES:	ADJECTIVE CLAUSE TO MODIFY A PERSON	Este es el sombrero **que** compré en México.
	ADJECTIVE CLAUSE TO MODIFY A THING	Este es el médico **que** conocí en México.
	NOUN CLAUSE AS DIRECT OBJECT	Yo sé **que** hoy es tu cumpleaños.

After a preposition, **quien (quienes)** usually replaces **que**. **Quien** may also replace **que** to clarify that it refers to a person rather than a thing.

EXAMPLES:	INTRODUCTION (OF A CLAUSE)	Dáselo a **quien** llegue primero.
	INTRODUCTION/CLARIFICATION	Él es el hombre a **quien** vi en la iglesia.
		Hablé con las muchachas con **quienes** fui a la escuela

➤ Supply **que, quien, or quienes**, as required.

1. Por fin llegaron los libros _____ yo pedí hace tiempo.

2. Las muchachas a _____ invitamos a la fiesta no pueden venir.

3. Washington es el héroe de _____ estamos hablando.

4. ¿Cuál es la casa en _____ viven los Pérez?

5. Vi a la señora a _____ le hablé ayer.

6. Él es el médico _____ curó a mi mamá.

7. Tú eres una persona en _____ se puede confiar

8. Ellos son los dos hermanos con _____ Pablo va a estudiar.

9. Ésta es la jaula en _____ trajimos el pájaro.

10. Era un general _____ siempre inspiraba a sus soldados.

11. ¿Dónde está la carta _____ yo acabo de recibir?

12. Éste es el colegio en _____ estudiaba Cristina.

13. Ella es la persona sobre _____ cayeron las sospechas.

14. Los soldados a _____ condecoraron eran todos héroes.

15. ¿Has visto el automóvil _____ Eduardo acaba de comprar?

16. Ésta es la silla en _____ mi abuelo se sentaba siempre.

17. Éstos son los amigos de _____ les he hablado tanto.

18. Todas las cosas _____ compramos en Venezuela son originales.

19. Ésta es la pluma con _____ firmaron las Leyes de la Reforma.

20. Pienso mucho en Anita, de _____ les he hablado muchas veces.

Worksheet 6.19 *El cual, la cual, los cuales, las cuales*

In cases of ambiguity, where there is more than one possible antecedent for a relative pronoun, **el cual, la cual, los cuales, las cuales** may often be found instead of **que, quien, quienes.** All of these forms agree in number and gender with the antecedent, thus avoiding any chance of error. These are often used after the preposition *por* and after adverbial phrases such as **después de, además de,…**

EXAMPLES: Vi la película en el Teatro Nacional, **el cual** me gustó mucho.
*(Clearly, **el cual** refers to **el Teatro Nacional.**)*
Un chico trajo los paquetes **por los cuales** han venido las muchachas.
*(**Por los cuales** refers to **los paquetes,** not to **un chico**)*

➤ Supply **el cual, la cual, los cuales, las cuales,** as required.

1. Esa mesa, encima de _____ usted puso las flores, es un mueble de mucho valor.

2. Él peleó en la batalla de Lepanto, en _____ fue herido.

3. El hierro es un metal con _____ se hacen cosas útiles.

4. Anoche vimos una película de vaqueros, _____ nos gustó.

5. La sociedad de _____ el es miembro es muy exclusiva.

6. ¿Es éste el automóvil por _____ pagaste más de dos mil dólares?

7. El petróleo es un producto, la falta de _____ podría influir mucho nuestra economía.

8. Ésta es la mesa detrás de _____ él siempre se sentaba.

9. Éste es el cuadro con _____ el pintor ganó el premio.

10. Éstas son las telas entre _____ usted puede seleccionar.

11. José me prestó un libro, _____ leeré este fin de semana.

12. Ayer recibí mis notas, _____ son mejores que antes.

13. El edificio de la esquina, en _____ ya hay inquilinos, todavía no está terminado.

14. La sala tiene dos ventanas, una de _____ da al parque.

15. Ellos tienen cuatro hijos, dos de _____ están en Brasil.

16. Los perros son animales a _____ yo enseño a obedecer.

17. El cartero trajo una carta, en _____ recibí un cheque.

18. En mi clase hay seis muchachas, de _____ la más bonita es Rosa Salinas.

Worksheet 6.20 *Cuyo, cuya, cuyos, cuyas*

The relative pronouns **cuya, cuya, cuyos, cuyas** are translated as *whose, which* should not be confused with the interrogative pronoun *whose?* (**¿de quién?, ¿de quiénes?**).

EXAMPLES: Él es el muchacho de **cuyo** padre te hablé ayer.
*He is the boy about **whose** father I spoke to you yesterday.*

Él es el profesor **cuyas** hijas estudian en Europa.
*He is the professor **whose** daughters study in Europe.*

➤ Supply either **cuyo, cuya, cuyos,** or **cuyas**, as required.

1. Él es un hombre _____ fama nunca morirá.

2. Un hombre de _____ nombre no me acuerdo, me dio este libro.

3. María, _____ padres están en Asia, me explicó esta costumbre.

4. Ricardo, _____ tío es autor, ya empezó a escribir una novela.

5. El capitán, _____ conducta es conocida, fue condecorado.

6. Los pájaros, _____ nidos fueron destruidos, se han ido.

7. Mi padre era un hombre _____ generosidad nos halagara mucho.

8. El médico, _____ dirección me pediste, salió para París.

9. El filósofo, _____ ideas odiamos, fue muy debatido.

10. El galán, _____ actuación nos impresionó, fue premiado.

11. El niño, _____ padres murieron, fue adoptado por sus tíos.

12. Los Pérez, en _____ casa nos conocimos, regresaron a Francia.

13. La profesora, _____ clase es aburrida ha pedido un traslado.

14. Alicia, _____ paciencia es increíble, empezó a estudiar ruso.

15. Él es un hombre _____ honradez es conocida en todas partes.

16. Jorge es un amigo por _____ lealtad yo respondo.

17. Isabel es una joven _____ belleza llama la atención.

18. Pepe es un chiquillo _____ majaderías lo hacen insufrible.

19. Luis, _____ vacaciones terminan hoy, vendrá a trabajar mañana.

20. Mi primo, _____ padres viven en Miami, nos visitó anteayer.

21. El payaso, _____ actuación era chistosa, se puso triste.

22. Ana, _____ padres son ricos, va a heredar un dineral.

Worksheet 6.21 *Deber de haber*

Haber hablado is a perfect infinitive. **Haber,** although a helping verb itself, in this case must be preceded by a helping verb. To provide the meaning *must have,* **haber** will be preceded by **deber de.***

EXAMPLES: Juan no está aquí. Él **debe de haber salido** con María.
*John is not here. He **must have gone out** with Mary.*
Debe de haber llovido mientras estábamos en el cine.
*It **must have rained** while we were at the movies.*

***Deber de** (with the preposition) indicates probability or conjecture.
Deber (without the preposition) indicates duty or obligation.

➤ Substitute the correct form of **deber de haber** for the words in italics, keeping in mind that the meaning remains the same.

1. Pablo *probablemente fue* al cine. _____

2. *Probablemente esperaron* allí mucho tiempo. _____

3. Su tía *probablemente salió* de la ciudad. _____

4. Usted *probablemente esperó* en otro lugar. _____

5. Él *probablemente nos escribió* el lunes. _____

6. Tú *probablemente dejaste* el libro en casa. _____

7. Él *probablemente vino* en taxi. _____

8. Ellos *probablemente estuvieron* cansados. _____

9. Ella *probablemente tradujo* este artículo. _____

10. Rafael *probablemente trajo* el dinero. _____

11. Ella *probablemente compró* ese traje aquí. _____

12. Él *probablemente nació* en España. _____

13. Tú *probablemente descubriste* la verdad. _____

14. *Probablemente* Elena *estaba* enferma ayer. _____

15. Tú *probablemente gastaste* un dineral allí. _____

16. Él *probablemente estaba* enojado contigo. _____

17. Ella *probablemente estudió* italiano. _____

18. Pedro *probablemente sabía* nuestros planes. _____

19. Mi abuela *probablemente murió* de pulmonía. _____

20. Anita *probablemente perdió* sus llaves. _____

Worksheet 6.22 *Deber haber*

As previously noted, the **de** of **deber de haber** is dropped in order to express duty or obligation. The past tense of *should* combines the conditional tense of **deber (debería)** and the perfect infinitive **(haber hablado)**:

EXAMPLES: El **debería haber** estudiado más.
*He **should have** studied more.*
Usted **debería haberme llamado** por teléfono anoche.
*You **should have called me** by telephone last night.*

➤ Replace the verb in parentheses with the correct form of **debería haber** plus the infinitive.

1. Tú _____*deberías haber hablado*_____ (hablar) con él.

2. Ella no _____ (gastar) tanto dinero en la lotería.

3. Ustedes _____ (mandarle) un telegrama hoy mismo.

4. Él _____ (poner) más atención en la clase.

5. Ellos no _____ (hacer) eso sin consultarme.

6. Usted _____ (decirle) eso inmediatamente .

7. Ella no _____ (pasar) tanto tiempo en casa.

8. Ustedes _____ (llevar) al niño a un buen médico.

9. Alguien _____ (llamar) una ambulancia.

10. Nosotros _____ (darle) al profesor un regalo.

11. Él no _____ (leer) tanto por la noche.

12. Ellos _____ (esperar) unos minutos más.

13. Nosotros _____ (levantarnos) más temprano.

14. Ella _____ (pasar) todo el día en la playa.

15. Ellos _____ (hacer) menos ruido en la clase.

16. Usted _____ (poner) más cuidado en la tarea.

17. Nosotros _____ (ir) allí en taxi.

18. Tú _____ (haber) escogido otra carrera.

19. Ella _____ (dar) un paseo todas las tardes.

20. La criada no _____ (chismear) tanto en el parque.

Worksheet 6.23 *Pero/sino, y/e, o/u, o/ó*

If the conjunction *but* joins a negative predicate to an affirmative predicate that corrects (or contradicts) the information in the first predicate, **pero** is replaced by **sino**.

EXAMPLE: La pluma no es mía, **sino** de ella.   *The pen is not mine,* **but** *hers.*
          Ella no va a la Argentina, **sino** a Chile.   *She is not going to Argentina,* **but** *to Chile.*

The conjunction **y** before an [i] sound will be written **e**; the conjunction **o** before an [o] sound will be written **u**. This is necessary to keep these words from being absorbed by the following word in speech (**y hierba, o hora**). The conjunction **o** will be written **ó** between two Arabic numerals.

EXAMPLES: Hablan francés **e** italiano.   Había siete **u** ocho personas allí.
           Son padre **e** hijo.   Había 5 **ó** 6 gatos en el patio.

➤ Choose the correct conjunction and write it in the blank at the right

1. No quieren vivir en Madrid _____ (pero, sino) Barcelona.

2. Él no quería tomar agua, _____ (pero, sino) un refresco.

3. Pedro _____ (y, e) Elena se van a casar pronto.

4. Eduardo _____ (y, e) Isabel vinieron juntos a la fiesta.

5. Chabela no es rica, _____ (pero, sino) tiene mucho talento.

6. Isabel no es rica, _____ (pero, sino) pobre.

7. Para coser se necesita aguja _____ (y, e) hilo.

8. La aguja _____ (y, e) el hilo que tengo no sirven.

9. Tengo ocho _____ (o, ó) nueve dolares en mi cartera.

10. Tengo 8 _____ (o, ó) 9 dolares en mi cartera.

11. No hablaste con la directora, _____ (pero, sino) con la secretaria.

12. No se si trabaja en Tokío _____ (o, u) Osaka.

13. ¿Es usted de Ohio _____ (o, u) Michigan?

14. El no solamente es guapo, _____ (pero, sino) inteligente.

15. Ellos van a salir, _____ (pero, sino) nosotros vamos a quedarnos.

16. No importa que el empleado sea mujer _____ (o, u) hombre.

17. El viejo habrá tenido setenta _____ (o, u) ochenta años.

18. Su dirección es 332 _____ (o, ó) 233 de la calle Séptima.

19. La fiesta escolar es para madres _____ (y, e) hijas.

20. El automóvil no es grande _____ (pero, sino) no es muy pequeño.

Name: _____ Date: _____

Worksheet 6.24 Diminutives

You may hear someone use a word like **retechiquitito** and never realize that it is simply **chico** with two diminutive prefixes and two diminutive suffixes. Diminutives are much more common in Spanish than in English, especially in the speech of some women. The commonest, by far, are **-ito,-cito, -ecito, - illo, and -ico,** each with corresponding plural and feminine forms.

1. For words of two or more syllables ending in a vowel, remove the vowel and add **-ito (-illo)**.
2. For one syllable words ending in a consonant, add **-ecito (-ecillo)**.
3. For most words ending in an **-e,** remove the **-e** and add **-cito (-cillo)**.
4. For longer words ending in a consonant, add **-cito (-cillo)**.

EXAMPLES:
coche	**cochecito**	pan	**panecillo**
libro	**librito**	ventana	**ventanilla**
mujer	**mujercita**	voz	**vocecita**

➤ Supply a diminutive for each of the words in italics.

1. Voy a llevar a mi *hermano* al parque. _____

2. Le gusta hablar con la *mujer* que siempre está allí _____

3. Yo prefiero oír los *pájaros* que cantan en los árboles. _____

4. Me gusta andar con mi *perro* por la tarde. _____

5. Hay muchos *chicos* jugando en la calle. _____

6. Siempre le doy limosnas al *viejo* de la esquina. _____

7. Mis tíos tienen un *rancho* no muy lejos de aquí. _____

8. Vamos allí para ver los nuevos *pollos*. _____

9. Nos encantan también los *conejos*. _____

10. Ya compramos nuestro *árbol* de Navidad. _____

11. Espero que mis padres me regalen un *gato* blanco. _____

12. Yo tengo que comprar unas *cosas* para dar a mis primos. _____

13. Me gusta mirar el campo desde la *ventana* del tren. _____

14. Veo las charcas llenas de *patos*. _____

15. Me encantan especialmente los pintorescos *cerros*. _____

16. *La hija* de mi amigo tiene una colección de muñecas. _____

17. Ella tiene una *cama* para cada una de sus muñecas. _____

18. También tiene una mesita y cuatro *sillas*. _____

19. Me gusta la *voz* de esa cancionera ranchera. _____

20. Ella me recuerda de una *joven* que conocí en México. _____

Worksheet 6.25　Absolute superlatives

The absolute superlative of many adjectives (occasionally of adverbs) is formed by adding the suffix **-ísimo** (**-ísima, -ísimos, -ísimas**). This is the same as adding *very, most or extremely* before the adjective in English.

EXAMPLES:
facilísimo	*very easy*
dulcísimo	(drop **e** from **dulce**), *very sweet*
malísmo	(drop **o** from **malo**), *very bad*
riquísimo	(observe **c** to **cq** spelling change), *very rich*
larguísimo	(observe **g** to **gu** spelling change), *very long*

In the case of adverbs, simply use the suffix **-ísimamente.**

➤ Supply the absolute superlative equivalent of the italicized words.

1. La casa que acabamos de comprar es *muy grande.* _____

2. Desgraciadamente pagamos *mucho* por ella. _____

3. Ustedes tienen un jardín *muy bello.* _____

4. Estas rosas tienen una fragancia *muy dulce.* _____

5. Los rascacielos de Nueva York son *muy altos.* _____

6. Los dueños de estos edificios son *muy ricos.* _____

7. Después de la lluvia esta carretera es *muy peligrosa.* _____

8. No obstante, la vista desde el mirador es *muy bella.* _____

9. Esa familia muy pobre me da *mucha tristeza.* _____

10. Para alguna gente la vida es *muy dura.* _____

11. El viaje a San Diego es *muy largo.* _____

12. Pero mis hijos se ponen *muy contentos* allí. _____

13. El tráfico en este sector de la ciudad es *muy malo.* _____

14. Hay que manejar con *mucho cuidado* a cada momento. _____

15. El zoológico de San Diego es *muy famoso.* _____

16. Los chimpancés juegan *muy contentos.* _____

17. Los tigres se ven *muy feroces.* _____

18. Uno de los pájaros tropicales es *muy hermoso.* _____

19. Con tanto que ver, el día pasa *muy rápido.* _____

20. Si no fuera *tan lejos*, regresaríamos con frecuencia. _____

Worksheet 6.26 Exclamations

Most exclamations are expressed with **¡Que…!** When a verb, and adjective or adverb are included, the verb will normally be placed last.

EXAMPLES: **¡Qué** pálida está! **¡Qué** bien canta!

When no verb is included, the exclamation usually contains **tan** or **más.**

EXAMPLES: **¡Qué** corbata tan bonita! **¡Qué** vestido más elegante!

When only a verb is **used, cómo** replaces **qué.**

EXAMPLES: **¡Cómo** hablas! **¡Cómo** comieron!

➤ Change the following sentences to exclamations.

1. Es un día hermoso. _____

2. Eres inteligente. _____

3. Son unas blusas lindas. _____

4. Hace calor. _____

5. Tú bailas bien. _____

6. Bailas. _____

7. Fue un regalo extraño. _____

8. Es un hombre guapo. _____

9. Se ponen tristes. _____

10. Fue una película aburrida. _____

11. Tienes ojos lindos. _____

12. Tus ojos son verdes. _____

13. Son montañas altas. _____

14. Es un paisaje hermoso. _____

15. Tiene manos fuertes. _____

16. Tocas bien el piano. _____

17. Tocas el piano. _____

18. Tocas. _____

19. Raúl aprende rápidamente. _____

20. Son flores muy exóticas. _____

21. Es un administrador eficiente. _____

22. Está contento con su automóvil. _____

Worksheet 6.27 Prepositions

➤ Supply the preposition required to complete the meaning of each sentence.

1. Mi familia y yo acabamos _____ llegar en Guadalajara.

2. Ésta es una de las ciudades más bonitas _____ México.

3. Alquilamos un coche _____ ir a la ciudad.

4. Empezó _____ llover cuando salimos del aeropuerto.

5. El camino _____ el aeropuerto y la ciudad es muy largo.

6. Cuando dejó _____ llover, el viaje se hizo más agradable.

7. Bajamos del coche _____ frente de un mercado.

8. Antes _____ seguir en el camino, tomamos un refresco.

9. Yo escogí un refresco popular que sabe _____ toronja.

10. En la ciudad traté _____ encontrar un hotel económico.

11. Pasamos la primera noche _____ el Hotel del Parque.

12. Nos acostamos a las diez _____ la noche.

13. Después del desayuno, mandé unas tarjetas _____ correo aéreo.

14. Entonces llevamos _____ los niños al Parque Agua Azul.

15. Es el parque más conocido _____ Guadalajara.

16. De vez _____ cuando hay conciertos en ese parque.

17. La catedral de Guadalajara es una joya _____ arquitectura.

18. El teatro Juárez es otro edificio que da _____ la plaza.

19. Asistimos _____ ese teatro durante la segunda noche.

20. Vimos un drama que tiene lugar alrededor _____ año 1910.

21. La distancia _____ el hotel el teatro es corta.

22. Los turistas vienen _____ todas partes del mundo.

23. Algunos norteamericanos no vuelven _____ los Estados Unidos.

24. Ellos piensan mucho _____ las ventajas de vivir en Guadalajara.

25. Ellos creen que es un lugar ideal _____ jubilarse.

26. Yo no voy _____ ser residente permanente de Guadalajara.

27. _____ cambio, voy a regresar año tras año.

28. Es difícil visitar aquí _____ divertirse mucho.

Vocabulary check-up

➤ Choose the correct form and write it in the blank at the right.

1. Un sinónimo de perezoso es _____ (tarde, amable, delgado haragán).

2. Lo opuesto de frecuentemente es _____ (a menudo, rápidamente, rara vez, siempre).

3. Una persona muda no puede _____ (ver, oír, hablar, caminar).

4. Lo opuesto de levantarse es _____ (acostarse, cansarse, aburrirse).

5. ¿Cuál de estos objetos se encuentra siempre en una aula? _____
   (pizarra, maleta, cubiertos, espejos).

6. ¿Cuál de estas palabras es femenina? _____ (libro, mano, teléfono, año).

7. ¿Cuál de estas palabras es masculina? _____ (mesa, problema, escuela, revista).

8. Actualmente quiere decir _____ (después, realmente, ahora, lentamente).

9. ¿Cuál de estos animales se encuentra principalmente en el desierto? _____
   (león, camello, lobo, pantera).

10. La frase dar cuerda se usa cuando se habla de _____
    (computadoras, relojes, sortijas, zapatos).

11. ¿Cuál es el sustantivo que corresponde a construir? _____
    (construido, construcción, construye, construyó).

12. Para barrer se necesita _____ (una pistola, una escoba, un borrador, una
    máquina de escribir).

13. Para borrar se necesita _____ (un lápiz, una barrera, una regla, un
    borrador, una máquina de coser).

14. El padre de mi esposa es mi _____ (cuñado, suegra, suegro, hijastro).

15. Lo opuesto de agrio es _____ (fino, largo, amargo, dulce).

16. Un sinónimo de estrecho es _____ (hermoso, largo, angosto, alto).

17. Un deporte de origen vasco que se juega con una cesta es _____
    (fútbol, tenis, jaialai, baloncesto).

18. En una corrida de toros, el hombre que va montado a caballo es el _____
    (matador, picador, banderillero).

19. Un sinónimo de asombrado es _____ (cansado, educado, sorprendido,
    prohibido).

20. Para coser se necesitan una aguja y un _____ (clavo, hilo, martillo, serrucho).

General review

➤ Choose the correct form and write it in the blank.

1. Cuando Doroteo Arango _____ (tuvo, tenía) dieciséis años tuvo que huir de su rancho en Durango.

2. Para proteger _____ (su, a su) hermana, había fusilado al hijo del hacendado.

3. Doroteo _____ (escondió, se escondió) en la Sierra de de Chihuahua.

4. _____ (Para, Por) ganarse la vida, aprendió a ser bandido.

5. Como bandido dejó de _____ (llamándose, llamarse) Doroteo Arango y adoptó el nombre Pancho Villa.

6. Dondequiera que usted _____ (va, vaya) en México, oirá el nombre de Pancho Villa.

7. No sólo bandido _____ (pero, sino) jefe de bandidos, su liderato se conocía por todas partes.

8. Francisco I. Madero le ofreció el puesto de general de _____ (su, suyo) ejército.

9. Más _____ (que, de) nada, Madero quería derribar el gobierno del dictador Porfirio Díaz.

10. Villa le dijo a Madero que _____ (aceptara, aceptaría) el título de general.

11. Villa quería que Madero se _____ (hiciera, haría) presidente de México.

12. El sabía que Madero _____ (ayudara, ayudaría) a los indios y a los pobres de México.

13. El general Villa luchaba _____ (valiente, valientemente) contra las tropas del gobierno.

14. En poco más _____ (que, de) un año, Villa entró victoriosamente en la capital.

15. Emiliano Zapata, otro general que llegó del sur, se reunió con _____ (General, el general) Villa.

16. Estos dos héroes _____ (del, de la) revolución ocasionaron el deseado cambio de gobierno.

17. Porfirio Díaz huyó a Francia, donde permaneció sin _____ (regresando, regresar) nunca a México,

18. Francisco Villa _____ (se, les) despidió de sus oficiales y a sus tropas.

19. Les dijo que _____ (regresaron, regresaran) a sus ranchos para gozar de la libertad que habían ganado.

20. Pancho Villa fue el héroe _____ (cuyo, cuya) vida sigue fascinando a muchos en México.

21. La casa de Villa, Quinta Luz, _____ (todavía, tampoco) existe en la ciudad de Chihuahua.

22. Una de las páginas _____ (más, la más, las más) tristes de la historia fue el asesinato de Villa en 1923.

Buscapalabras

Name: _____ Date: _____

Nombres difíciles

The 46 nouns in this puzzle do not end in **-o** or **-a.** As you find them, circle them and write them together with their definite articles in the spaces provided after the English equivalents in the accompanying list

EXAMPLE: *la parte*

accident _____

actress _____

afternoon _____

angel _____

balcony _____

baseball _____

chess _____

corn _____

cough _____

crime _____

dance _____

diamond _____

elephant _____

emperor _____

eraser _____

father _____

flavor _____

generosity _____

glove _____

honesty _____

interest _____

judge _____

light _____

report _____

rice _____

salt _____

scar _____

meat _____

menu _____

```
D  E  T  A  T  E  L  E  V  I  S  I  O  N  C
I  R  A  C  L  O  T  E  T  S  A  P  Z  E  A
A  B  R  T  E  N  T  I  G  R  E  S  E  M  N
M  A  D  O  T  J  U  V  E  N  T  U  D  I  S
A  L  E  N  R  A  C  Z  N  I  A  V  A  R  I
M  C  E  L  O  B  S  I  E  B  E  T  R  C  O
T  O  T  A  P  M  I  A  R  R  O  Z  N  E  N
E  N  N  I  E  D  O  M  O  S  D  U  O  T  C
J  O  A  N  R  E  P  D  S  A  L  E  H  A  I
A  I  U  P  I  R  A  M  I  D  E  T  J  R  C
R  N  G  B  O  R  R  A  D  O  R  I  Z  A  A
T  T  R  I  E  L  E  F  A  N  T  E  N  P  T
R  E  I  P  O  V  D  A  D  A  L  C  O  S  R
O  R  M  A  D  R  E  X  E  L  I  A  B  I  I
P  E  R  D  A  P  O  I  R  O  B  A  S  D  Z
A  S  A  C  C  I  D  E  N  T  E  Z  E  U  J
V  E  R  D  A  D  Z  I  R  T  C  A  L  L  E
```

mother _____

net _____

nonsense _____

oil _____

pie _____

pyramid _____

rail _____

song _____

steamship _____

street _____

suit _____

television _____

tiger _____

truth _____

wall _____

youth _____

Part 7

Cultura y civilización hispánica

España

El idioma

El español es una de las lenguas más importantes del mundo. En la actualidad lo hablan unos 300 millones de personas. Es el idioma de España y de todos los países de Latinoamérica, con excepción del Brasil y Haiti. También se habla en Filipinas, en ciertos lugares de África del Norte y en gran parte del suroeste de los Estados Unidos. En un creciente número de zonas metropolitanas de este último país existen grandes núcleos de personas de habla española, o hispanoparlantes. Estos grupos son muy importantes en ciudades como Nueva York, Los Ángeles y Miami.

El español es una de las lenguas romances. Es decir, que se deriva del latín, idioma de los romanos, quienes ocuparon la Península Ibérica del año 206 antes de Cristo al 409 de la era cristiana.

De la mezcla del latín que hablaba el pueblo (latín vulgar) con las lenguas de las distintas regiones de España, se originaron varios idiomas como el gallego, el catalán y el castellano. El gallego se habla en Galicia, región del noroeste; tiene gran parecido con el portugués. El catalán, parecido al provenzal, se habla en Cataluña y en las islas Baleares. El castellano, hablado al principio sólo en Castilla, se convirtió en lengua nacional de España a partir del reinado de Fernando e Isabel, quienes impusieron la hegemonía castellana en el resto de la Península. El vascuence, hablado en las provincias Vascongadas, es un idioma antiquísimo cuyo origen aún se desconoce.

El español ha enriquecido notablemente el vocabulario de la lengua inglesa en los Estados Unidos. De los antiguos territorios españoles que hoy forman los estados de California, Nuevo México y Arizona provienen palabras de uso corriente como *rodeo, corral, mosquito, cargo, burro, canyon, hoosegow* y otras muchas.

Preguntas

1. ¿En que países se habla español?
2. Diga en qué países de Latinoamérica no se habla español.
3. ¿De qué lengua clásica se deriva el español?
4. ¿En qué años estuvo España ocupada por los romanos?
5. ¿Cómo se llaman las lenguas derivadas del latín?
6. Mencione algunos idiomas hablados en varias regiones de España.
7. ¿A qué lengua se parece el catalán? ¿Y el gallego?
8. ¿Quiénes gobernaban en España cuando el castellano se convirtió en lengua nacional?
9. ¿De dónde proviene el vascuence? ¿Dónde se habla?
10. Mencione algunas palabras de uso corriente en inglés que provienen del español.

Geografía

España y Portugal ocupan la Península Ibérica, situada en el suroeste de Europa. España limita al norte con la bahía de Vizcaya y con Francia; al sur con el océano Atlántico; al este con el mar Mediterráneo; al oeste con el Atlántico y con Portugal. La población de España es de cerca de 40 millones de habitantes, repartidos en una extensión territorial de 504,750 kilómetros cuadrados. La elevación media del suelo es de 660 metros. El clima presenta variaciones considerables: frío en las mesetas del norte y del centro, templado en la costa del Atlántico, y cálido en las zonas bajas del sur.

Después de Suiza, España es el país más montañoso de Europa. En el norte se encuentran los montes Cantábricos; en el centro se destacan la sierra de Gredos y la sierra de Guadarrama; al sur, la sierra Morena y la sierra Nevada. En esta última se encuentra el pico de Mulhacén (3.481 metros), que es el más alto del país. Los Pirineos, otra cordillera muy importante, forman una frontera natural entre Francia y España.

España tiene también muchos ríos. Los más notables son: el Ebro, en el norte, que corre hacia el este y desemboca en el Mediterráneo; el Duero, que nace cerca de Burgos, atraviesa Portugal y desagua en el Atlántico; el Tajo, el más largo de España, que pasa por Toledo, atraviesa Portugal y desemboca cerca de Lisboa; el Guadiana, que pasa por Mérida y Badajoz y entra en Portugal para desembocar en el Atlántico; el Guadalquivir, que es el más navegable del país y a cuyas márgenes se encuentran Córdoba y Sevilla.

Preguntas

1. ¿Qué países forman la Península Ibérica?
2. Diga cuáles son los límites de España.
3. ¿Cuál es la situación geográfica de España?
4. ¿Es igual el clima en todas partes de España? Explique.
5. ¿Cuáles son las principales sierras de España?
6. ¿Cuál es la frontera natural entre España y Francia?
7. ¿Qué río de España desemboca en el Mediterráneo?
8. ¿Qué ríos de España corren también por Portugal?
9. ¿Qué río desemboca cerca de Lisboa?
10. ¿Cuál es el río más navegable de España?

Comunidades autónomas

Histórica y culturalmente, España se divide en varias comunidades autónomas, que una vez constituyeron reinos independientes. Las principales son:

- **País Vasco.** Incluyen Vizcaya, Álava y Guipúzcoa. Están situadas a lo largo de los Pirineos. La ciudad más importante de la región es Bilbao. En estas provincias se habla español y vascuence.

- **Galicia.** Es una región montañosa situada en el noroeste. Las ciudades más importantes son Vigo, La Coruña y Santiago de Compostela. Sus habitantes hablan español y gallego.

- **Castilla y León.** Se encuentran en la árida meseta central, donde también se asienta Madrid, la capital de la nación. El idioma castellano, originario de esta región, se extendió por toda la Península y las antiguas colonias, tomando el nombre de español.

- **Cataluña.** Está en el nordeste de España. Es la región más próspera, al igual que la nordeste más industrializada. La ciudad principal, Barcelona, es también la capital y un importantísimo puerto de mar. Los idiomas de la región son el español y el catalán.

- **Andalucía.** Está en el sur. Fue asiento de la civilización morisca y centro del saber durante la Edad Media. Sevilla, Córdoba y Granada son ciudades andaluzas que se consideran como verdaderas joyas en muchos sentidos. Cádiz, puerto de mar y centro comercial, fue fundada por los fenicios.

- **Comunidad Valenciana.** Queda en la costa mediterránea y es llamada "la huerta de España". Es muy conocida en todo el mundo por sus naranjas. La ciudad principal de la región también se llama Valencia y ha sido elogiada por poetas, músicos y novelistas.

- **Principado de Asturias.** Esta región es muy importante en la historia de España porque en ella se inicia la Reconquista, es decir, la larga campaña que finalmente hizo salir a los moros de España. Entre las ciudades principales de la región se encuentran Oviedo y Gijón.

- **Comunidad Foral de Navarra.** Está al este de las provincias Vascongadas, en la frontera con Francia. Esta región también fue muy importante durante la Reconquista.

- **Extremadura.** Es otra región muy montañosa, al oeste de las dos Castillas. Tiene la gloria de haber sido cuna de algunos de los más grandes conquistadores, entre ellos Francisco Pizarro, Hernán Cortés y Vasco Núñez de Balboa.

- **León.** Se encuentra en la meseta central. Es tierra seca pero produce gran cantidad de cereales por el buen uso de sistemas de regadío.

- **Región de Murcia.** Es una región de clima tropical. Produce dátiles, cítricos y otros productos característicos de las tierras mediterráneas.

- **Aragón.** Es una región de grandes contrastes, tanto en la geografía como en el clima. La capital es Zaragoza.

Otros territorios españoles situados fuera de la Península son:

- Las islas **Baleares** (Mallorca, Menorca, Ibiza y Formentera). La mayor es Mallorca; su capital es Palma.

- Las islas **Canarias**, divididas en dos provincias llamadas Santa Cruz de Tenerife y Las Palmas.

- Las islas **Alhucemas, Chafarinas y Peñón de la Gomera** forman parte de las provincias africanas. En el continente, en Marruecos, España administra las ciudades de Ceuta y Melilla, vinculadas, respectivamente, a las provincias de Cádiz y Málaga.

Madrid es la capital de España y su ciudad más grande, con una población que sobrepasa los tres millones de habitantes. Entre los puntos de interés de la ciudad se encuentran lugares como el Museo del Prado, que contiene numerosos cuadros de los más célebres pintores nacionales y algunos extranjeros, y que es considerado como uno de los mejores museos del mundo; el Parque del Buen Retiro, vasto y pintoresco sitio de recreo y de descanso; el Palacio Real, que es uno de los más suntuosos de Europa; la Puerta del Sol, plaza principal de la ciudad, donde se unen algunas de las avenidas más importantes de la capital.

El Escorial se encuentra a poca distancia de la capital. Fue construido bajo el reinado de Felipe II, de acuerdo con indicaciones precisas del monarca. Es, a la vez, monasterio, biblioteca, museo, templo y panteón real de España. El arquitecto y director de este grandioso monumento nacional fue Juan de Herrera.

Cerca de la capital se halla también el Valle de los Caídos, inaugurado en 1958. Es una enorme basílica labrada en la roca viva, dedicada a los muertos de ambos bandos de la Guerra Civil Española (1936-1939).

Preguntas

1. Diga los nombres de las tres provincias Vascongadas.
2. ¿Dónde se halla y cómo es Galicia?
3. ¿Cuántas Castillas hay? ¿Dónde se encuentran?
4. ¿Dónde está y cómo es Cataluña?
5. ¿Cuáles son las principales ciudades de Andalucía?
6. ¿Qué región se conoce con el nombre de "la huerta de España" y qué fruta se asocia con ella?
7. ¿En qué región se hace muy buen uso de sistemas de regadío y qué produce?
8. ¿En qué región se inició la Reconquista? ¿Qué otra región fue muy importante en esa campaña?
9. ¿En qué región de España nacieron los grandes conquistadores Francisco Pizarro, Hernán Cortés y Vasco Núñez de Balboa?
10. Mencione algunas provincias y posesiones españolas situadas fuera de la Península.
11. ¿Dónde está situada la capital de España y cuántos habitantes tiene?
12. Mencione algunos puntos de interés de Madrid.
13. ¿Cómo se considera el Museo del Prado?
14. Diga qué es El Escorial, quién ordenó su construcción y quién dirigió la obra.
15. ¿Qué es el Valle de los Caídos? ¿Dónde se encuentra? ¿En qué año se inauguró?

Antecedentes históricos

Los primeros habitantes de la Península Ibérica fueron los iberos, quienes posiblemente entraron por el sur. Los fenicios se establecieron en la parte sur de España en el siglo XI a. de C. La ciudad más antigua de España, Cádiz, fue fundada por los fenicios. El nombre de España deriva de la palabra fenicia Span, que significa "tierra lejana". En el siglo VI a. de C. llegaron a España los griegos. Ellos iniciaron el cultivo de la vid, o sea, las uvas para hacer vino, y el cultivo de las aceitunas. Como todos sabemos, estos son dos productos muy importantes en España.

Aproximadamente en el siglo VI a. de C. llegaron los celtas. Entraron por el norte y se establecieron en la región que actualmente corresponde a Galicia. De su unión con los iberos surgió el pueblo que se conoce con el nombre de celtíbero.

Después llegaron los cartagineses, procedentes del África. Vencieron a los fenicios, griegos y celtíberos, y fundaron la ciudad de Barcelona.

Como resultado de las Guerras púnicas, los romanos desplazaron a los cartagineses, dominaron a España y permanecieron en ella desde el año 206 a. de C. hasta el 409 d. de C.

Le dieron su idioma, fundaron muchos pueblos y construyeron innumerables caminos y puentes. España llega a ser la provincia más importante de Roma. Algunas de las grandes obras de los romanos, tales como los acueductos de Segovia y Tarragona y los puentes sobre el río Guadalquivir, se conservan todavía en perfecto estado. España ejercicio también gran influencia sobre Roma: los emperadores Trajano y Adriano, los poetas Marcial y Lucano y el filósofo Séneca nacieron en España.

Los bárbaros del norte penetraron en la Península Ibérica a la caída del Imperio Romano. Dos de estos pueblos fueron los visigodos y los vándalos. Su influencia fue menor que la de Roma, pero aún se encuentran en Espñna muchos ejemplos de ella, sobre todo en la forma de términos militares incorporados al español y en muchas de las leyes vigentes.

Los moros o árabes musulmanes cruzaron el estrecho de Gibraltar en el año 711 d. de C. En pocos años extendieron su influencia sobre casi toda la Península y la convirtieron en el centro cultural de Europa. Entre los años 711 y 1492, los moros, trabajando en completa armonía con los judíos y con muchos cristianos, dejaron huella indeleble en casi todas las disciplinas: la arquitectura, la industria, la agricultura y la música. La ciudad de Córdoba, con sus mútiples palacios, bibliotecas y academias, constituye el centro de toda esa actividad cultural. Pero los cristianos, descontentos con esta dominación, empezaron la larga lucha que se conoce como la Reconquista. La primera batalla tuvo lugar en Covadonga en el año 718, bajo el mando de un noble llamado don Pelayo.

La Reconquista duró ocho siglos, aunque las luchas se sucedían en forma esporádica, interrumpidas por años de paz y convivencia. En esos ocho siglos hubo varios héroes destacados pero el más notable, sin duda, fue Rodrigo Díaz de Vivar, llamado comúnmente el Cid (del árabe *sidi, seid,* "señor"). El Cid tomó la ciudad de Toledo en 1085 y después arrojó a los moros de Valencia. Otras fechas importantes de la Reconquista son: 1212, cuando los cristianos empujaron decisivamente a los árabes hacia el sur en la batalla de Navas de Tolosa, y 1492, cuando el último reducto musulmán, Granada, capituló ante Fernando e Isabel, los Reyes Católicos. El año 1492 vio al fin la unidad nacional de España y el comienzo de una nueva era con el descubrimiento de América para la civilización occidental.

El hecho del "descubrimiento" propiamente dicho comenzó el 3 de agosto de 1492, cuando Cristóbal Colón salió del puerto de Palos al frente de tres carabelas: la Santa María, la Pinta y la Niña. El viaje fue muy agitado, pero al fin se calmaron los ánimos cuando llegaron a una isla del archipiélago de las Antillas, a la que dieron el nombre de San Salvador. El 12 de octubre tomaron posesión de la isla en nombre de Fernando e Isabel. En ese momento empezó el ascenso de España hasta convertirse en la primera potencia colonial del siglo XVI. El nieto de los Reyes Católicos, Carlos I, continuó la conquista y la colonización iniciadas por sus abuelos. Éste es el mismo monarca a quien se llama más frecuentemente Carlos V, que era el nombre que le correspondía como emperador del Sacro Imperio Romano.

Casi toda la América del Sur, Centroamérica, las Antillas y los estados del suroeste de los Estados Unidos de Norteamérica fueron posesiones españolas. Grandes fueron los tesoros que la conquista de los imperios inca y azteca dieron a la metrópolis.

Esta época de riqueza material coincide con el apogeo artístico y literario que se conoce como el Siglo de Oro.

Preguntas

1. ¿Quiénes fueron los primeros habitantes de la Península Ibérica? ¿Por dónde entraron?
2. ¿Qué ciudad fundaron los fenicios? ¿De qué palabra se deriva el nombre de España? ¿Qué quiere decir?
3. ¿Cuándo llegaron a España los griegos? ¿Qué cultivos introdujeron?
4. ¿Cuándo y por dónde entraron los celtas a España? ¿Qué pueblo resultó de su unión con los iberos?
5. ¿Quiénes fundaron Barcelona? ¿De dónde venían?
6. ¿Cuánto tiempo duró la dominación romana en España? Mencione algunas de las obras que dejaron.
7. ¿Qué emperadores romanos, qué poetas y qué filósofo nacieron en España?
8. ¿Qué pueblos invadieron la Península a la caída de Roma? Mencione algunos ejemplos de la influencia de esos pueblos.
9. ¿Cuándo y por dónde entraron los moros o árabes? ¿En qué año terminó su dominación de España?
10. ¿Qué ciudad fue el centro cultural de los árabes? ¿Con quiénes trabajaban en completa armonía?
11. Mencione las disciplinas en que se destacaron los musulmanes.
12. ¿Qué empezó en el año 718? ¿Cómo se llamaba el noble que dirigió la empresa?
13. ¿Quién era el Cid? ¿De dónde proviene la palabra *Cid*?
14. Mencione dos hechos importantes ocurridos en 1492.

Algunos exploradores famosos

Explorador	Expedición	Año
Cristóbal Colón	Descubrió América	1492
Vasco Núñez de Balboa	Descubrió el océano Pacífico	1513
Juan Ponce de León	Exploró la Florida	1513
Francisco Coronado	Exploró el suroeste de los Estados Unidos	1514
Juan Díaz de Solís	Descubrió la desembocadura del Río de la Plata	1515
Fernando de Magallanes	Emprendió el primer viaje alrededor del mundo	1519
Álvar Núñez Cabeza de Vaca	Exploró el sur de los Estados Unidos y parte de la América del Sur	1528
Hernando de Soto	Descubrió el río Misisipí	1541

Algunos conquistadores famosos

Conquistador	País conquistado	Año
Diego Velázquez	Cuba	1514
Hernán Cortés	México	1519
Juan de Ampués	Venezuela	1527
Francisco Pizarro	Perú	1532
Pedro de Mendoza	Río de Plata	1536
Gonzalo Jiménez de Quesada	Nueva Granada	1539
Pedro de Valdivia	Chile	1541

La decadencia

Carlos V abdicó el trono en favor de su hijo Felipe II en 1556. Durante el reinado de éste, España progresó política y económicamente y hubo una intensa actividad artística y literaria. En el siglo XVI, paralelamente a la etapa más floreciente de España, ocurrieron ciertos sucesos que contribuyeron a su futura decadencia. En 1588 Felipe II intentó invadir Inglaterra con la Armada Invencible, que constaba de 127 barcos, 2.000 cañones y aproximadamente 30.000 hombres. Los ingleses, al mando de Sir Francis Drake, derrotaron a la Armada. Una tempestad se encargó de destruir lo que quedaba de la que fue impresionante flota. Este terrible desastre marcó el comienzo de la decadencia de España como potencia mundial.

La situación interna también empeoró durante el largo reinado de Felipe II. La agricultura y el comercio decayeron como resultado de la expulsión de los judíos y de los moros al final de la Reconquista. El comercio exterior también disminuyó debido al injusto sistema de impuestos prevaleciente en España.

En 1710 el trono español pasó a manos de una dinastía francesa, la casa de Borbón.

Este hecho provocó la Guerra de sucesión (1701-1714). Felipe de Anjou ascendió al trono de España con el nombre de Felipe V. España perdió sus posesiones en Italia y en los Países Bajos (Holanda y Bélgica). Como resultado del Tratado de Utrecht, Inglaterra adquirió el peñón de Gibraltar y la isla de Menorca.

Felipe V inició una serie de reformas políticas para fomentar el comercio y la industria. Carlos III (1759-1788), gran administrador, dio más impulso a estos adelantos, pero, a pesar de ello, fue imposible frenar la creciente decadencia de España.

En 1808, Napoleón I obligó a Fernando VII a abdicar e impuso en el trono a su hermano José Bonaparte. Entonces comenzó la lucha por la independencia, que continuó hasta 1814, cuando los españoles expulsaron a los franceses, con la ayuda del Duque de Wellington. España recuperó su libertad y restauró a Fernando VII. El monarca se hizo rey absolutista y el país se vio envuelto en toda clase de luchas internas. Fernando VII no tuvo descendencia masculina, y a su muerte ascendió al trono su hija Isabel.

El hermano de Fernando, don Carlos que había esperado ascender al trono, se negó a aceptar la soberanía de su sobrina Isabel. Entonces se produjeron las Guerras carlistas, la primera, de 1833 a 1840; la segunda, de 1872 a 1876. En medio de la última guerra, en 1874, Alfonso XII fue proclamado rey de España. Bajo su reinado se iniciaron importantes reformas.

En 1898 estalló la Guerra hispano-americana, al apoyar los Estados Unidos a los independentistas cubanos. Como resultado de su derrota, España perdió sus últimas posesiones en América (Cuba y Puerto Rico), y tuvo que ceder las Filipinas y la isla de Guam.

Preguntas

1. ¿Qué acontecimiento marcó el principio de la decadencia española en el siglo XVI? ¿Cómo se llamaba la flota?
2. ¿Quién era rey de España entonces? ¿Quién comandaba a los ingleses?
3. ¿Qué sucedió dentro de España después de la expulsión de los moros y los judíos?
4. ¿Qué dinastía francesa asumió el trono de España? ¿Cómo se llamaba el primer rey de esa casa?
5. Mencione las posesiones que perdió España bajo esa dinastía. Diga cuáles adquirió Inglaterra como resultado del Tratado de Utrecht.
6. ¿A quién impuso Napoleón como rey de España? ¿Qué rey fue obligado a abdicar?
7. ¿Cuántas guerras carlistas hubo? ¿Por qué se produjeron?
8. ¿Cuándo se restableció la monarquía en España? ¿Quién fue proclamado rey y qué hizo?
9. ¿En qué año fue la Guerra hispano-americana? ¿Por qué se produjo?
10. ¿Qué posesiones perdió España a consecuencia de esa guerra?

La España contemporánea

Después de 1898, España se convirtió en potencia de tercera categoría. Hasta 1902 el gobierno estuvo en manos de regentes mientras el nuevo rey, Alfonso XIII, era menor de edad. Al asumir éste el trono, España se encontraba en muy mal estado económico y social. En 1923 Alfonso confió al general Miguel Primo de Rivera el establecimiento de una dictadura militar, que dura hasta 1930. En 1931, como resultado de unas elecciones, se proclamó la segunda República, que no pudo llegar a consolidarse. El 18 de julio de 1936 estalló una rebelión armada bajo la dirección del general Francisco Franco. El país entero se convirtió en un campo de batalla. Alemania e Italia apoyaron a las fuerzas rebeldes, llamadas nacionalistas, en tanto que Rusia prestó cierta ayuda—cobrada a precio de oro—al gobierno republicano. Como garantía del pago de las armas y municiones enviadas a España, de pésima calidad la mayor parte de ellas, Rusia exigió la entrega de las cuantiosas reservas de oro de la nación española, las cuales no fueron devueltas jamás.

La guerra terminó en mayo de 1939 con la rendición de Madrid. El régimen bajo la jefatura del general Franco quedaría vigente hasta su muerte (1975), siendo el propio Franco jefe de la Falange, único partido político legal entonces en España.

En 1969, con la aprobación de Franco, las Cortes (Parlamento) proclamaron príncipe de España y heredero al trono a Juan Carlos de Borbón, nieto de Alfonso XIII. Al morir Franco, en 1975, Juan Carlos asumió el trono. Poco después, el joven monarca proclamó a España como una democracia parlamentaria dónde todos los partidos poíticos, incluso el comunista, eran legales.

Desde el 1982, en dos votaciones nacionales, el pueblo ha dado mayoría al Partido Socialista que dirigió el premier Felipe González. Hoy en día el reino de España es una de las doce democracias que integran la Comunidad Europea y goza de un progreso económico y social único en su historia.

Preguntas

1. ¿Cuándo fue proclamado rey Alfonso XIII?
2. ¿Cuándo se proclamó la segunda República?
3. ¿Cuándo estalló la rebelión armada contra la República?
4. ¿Quién encabezó la rebelión?
5. ¿Qué potencias europeas ayudaron a los rebeldes?
6. ¿Qué potencia estuvo de parte de la República?
7. ¿Cuánto tiempo duró la guerra civil?
8. ¿Con qué acontecimiento terminó?
9. ¿Quién fue proclamado por las Cortes príncipe de España y heredero al trono?
10. ¿Quién proclamó a España como una democracia?
11. ¿Qué partidos políticos son legales en España hoy?

Datos económicos

España es fundamentalmente un país agrícola, a pesar de que sólo la mitad de su territorio es cultivable. En gran parte de la Península no llueve lo suficiente y se tienen que usar sistemas de regadío para poder sembrar trigo, centeno y cebada. El sur produce grandes cantidades de uvas, naranjas, aceitunas, corcho y dátiles. España está a la cabeza en la producción mundial de aceite de oliva y de corcho.

España es un país rico en minerales, pero carece de los que son indispensables para el desarrollo de la industria moderna, principalmente el petróleo. En el subsuelo español hay grandes depósitos de hierro, carbón, cobre, plata, cinc, manganeso, mercurio, plomo, volframio, estaño, azufre y sales potásicas.

En el norte hay minas de hierro y carbón. En Bilbao se encuentran muchos de los altos hornos que hay en España para la elaboración de acero con el hierro procedente de las minas asturianas. El principal centro manufacturero de España es Barcelona, cuya industria textil, además de suplir casi toda la demanda del mercado interior, alcanza también para la exportación.

La red ferroviaria española tiene una extensión aproximada de veinte mil kilómetros, casi todos electrificados.

El creciente uso de vehículos de motor de todas clases ha impulsado notablemente la extensón y mejoramiento de la red nacional de carreteras y caminos, que es hoy una de las mejores de Europa.

Los principales puertos marítimos son los de Barcelona, Cartagena, La Coruña, Bilbao, Algeciras, Las Palmas, Santa Cruz de Tenerife, Palma de Mallorca, Valencia, Vigo y Cádiz.

Preguntas

1. ¿Cómo es, fundamentalmente, la economía de España?
2. Mencione los principales productos agrícolas de España.
3. Diga qué minerales hay en España.
4. ¿En qué ciudad se encuentran muchos de los altos hornos que hay en España?
5. ¿Cuál es el principal centro manufacturero de España?
6. ¿Qué extensión tiene la red ferroviaria española?
7. ¿Por qué se ha extendido y mejorado el sistema de carreteras?
8. ¿Cuáles son los principales puertos marítimos de España?

La literatura en la época anterior al Siglo de Oro

El Cantar de Mio Cid es la obra capital más antigua de la literatura española. Narra las hazañas del héroe nacional de España, Rodrigo Díaz de Vivar, el Cid. Es el único cantar de gesta que se conserva completo. Como en el caso de toda la épica medieval europea, se desconoce la identidad del autor. A pesar de su antigüedad, la maestría estilística del autor o autores anónimos hace suponer la existencia de una vieja tradición literaria anterior a la obra. Debido a la exactitud con que se describen la ciudad de Medinaceli y sus alrededores, se cree que el juglar que compuso *El Cantar* tal vez vivió en dicha localidad. El manuscrito está firmado por un tal Per Abbat, pero es muy probable que éste fuera un simple copista.

El primer poeta castellano de nombre conocido fue Gonzalo de Berceo, clérigo del monasterio de San Millán, en la Rioja. Se cree que murió a mediados del siglo XIII, a edad muy avanzada. Todas las obras de Berceo son de carácter religioso. Escribió varios himnos litúrgicos y vidas de santos. Su obra maestra se titula *Milagros de Nuestra Señora*.

La figura más sobresaliente de la literatura castellana del siglo XIII es el rey Alfonso X, El Sabio, que subió al trono de Castilla después de la muerte de su padre, Fernando III, El Santo. Su importancia en la historia de la cultura española es enorme. Se rodeó de los mejores talentos de España y dirigió una enorme obra de compilación. Producto de ese trabajo fueron *Las partidas*, una serie de siete códigos jurídicos; algunos tratados científicos; *la Crónica general, una historia de España*; y *la Grande general Estoria*, una historia universal. El propio monarca compuso las *Cantigas de Santa María*, de gran importancia no sólo literaria sino musical.

La mejor obra lírica de la época medieval española la escribió Jorge Manrique en ocasión de la muerte de su padre. Estas extensas y famosas *Coplas* fueron traducidas al inglés por el poeta norteamericano Henry Wadsworth Longfellow.

Otro autor importante del siglo XIV es Juan Ruiz, Arcipreste de Hita. Escribió el *Libro de buen amor,* un largo poema de tipo moral. En él hace una sátira de la sociedad española de la época, en un lenguaje muy rico y pintoresco.

Preguntas

1. ¿Cuál es la obra capital más antigua de la literatura española?
2. ¿Qué hazañas cuenta? ¿Cuándo se escribió?
3. ¿Cuál es la característica más saliente de esta obra?
4. ¿Quién la escribió? ¿Qué se cree que hizo Per Abbat?
5. ¿Cómo se llamaba el primer poeta castellano de nombre conocido?
6. ¿Qué carácter tienen sus obras? ¿Cuál es la más importante?
7. ¿Quién fue Alfonso X El Sabio? ¿Qué obra escribió él mismo?
8. Mencione algunas obras escritas bajo la dirección de Alfonso X.
9. ¿A qué clase de poesía pertenecen las *Coplas*? ¿Quién las escribió? ¿Quién las tradujo al inglés?
10. ¿Quién escribió el *Libro de Buen Amor*? ¿Qué hace en él y cómo es el lenguaje que usa?

La literatura en el Siglo de Oro

Al terminar la Edad Media ocurrió en España una gran revolución cultural que se conoce con el nombre de Siglo de Oro. En realidad, esta época abarca más de un siglo, porque empezó a principios del XVI y se extendió hasta casi todo el XVII. En este período floreció la novela picaresca. La principal de ellas es el *Lazarillo de Tormes*, publicada en 1554. Como muchas otras obras españolas anteriores, apareció sin firma de autor. La narración es amena y humorística; hace una sátira de las costumbres en un estilo llano y popular.

En 1605 se publicó en Madrid la primera parte de *El ingenioso hidalgo don Quijote de La Mancha*, obra maestra de Miguel de Cervantes Saavedra. La segunda parte se publicó en 1615. Por su trascendencia literaria, se considera como la primera novela moderna. Es una obra cumbre no sólo de la literatura española de todos los tiempos, sino también de la literatura universal. Ha sido traducida a casi todos los idiomas del mundo. Es muy fácil encontrar a hablantes de cualquier idioma que saben de las aventuras del pobre caballero loco que lucha desesperadamente por hacer perfecto al mundo, "deshaciendo todo género de agravios".

En el Siglo de Oro se estableció el teatro nacional de España. Entre los dramaturgos más importantes se encuentra Lope de Vega, autor de más de mil piezas teatrales. Lope hizo populares las obras de capa y espada, cuyo tema principal es el honor. Una de sus obras más famosas es *Fuenteovejuna,* que se caracteriza porque el personaje principal no es un sujeto individuo determinado, sino el pueblo entero. Tirso de Molina es el seudónimo del fraile Gabriel Téllez, otro importante dramaturgo del Siglo de Oro. Su obra más conocida, *El burlador de Sevilla,* tiene el mérito de haber dado al teatro universal el eterno personaje de don Juan. Pedro Calderón de la Barca fue el último de los grandes dramaturgos del Siglo de Oro. Su obra más conocida es *La vida es sueño,* drama de profundo contenido filosófico y religioso.

Después de Calderón, en el siglo XVIII, la literatura española se concretó a imitar el estilo francés (otro síntoma inequívoco de la profunda decadencia del que fuera brillante imperio) y no produjo ningún autor realmente original sino hasta el siglo XIX.

Preguntas

1. ¿Qué fue el Siglo de Oro? ¿Cuánto tiempo abarca?
2. ¿Qué clase de novela es el *Lazarillo de Tormes*? ¿Quién la escribió?
3. ¿En cuántas partes se publicó *El ingenioso hidalgo don Quijote de La Mancha*? ¿Cómo se llama su autor?
4. ¿Cómo se considera esta obra dentro de la literatura universal?
5. ¿Es muy conocida esta obra fuera de España? Explique.
6. ¿Quién escribió *Fuenteovejuna*? ¿Cuál es la característica sobresaliente de esa obra?
7. ¿Qué seudónimo usaba Gabriel Téllez? ¿Qué personaje dio al teatro universal?
8. ¿Qué clase de obra es *La vida es sueño*? ¿Quién la escribió?
9. ¿A qué se concretó la literatura española después de Calderón? ¿Hasta cuándo?
10. ¿Qué significa esa actitud de los escritores?

La literatura en el siglo XIX

En este siglo hubo en España un movimiento de renovación literaria que culmina con la brillante y fecunda Generación del 98. El género literario principal fue la novela, generalmente de tipo costumbrista y regional. Entre los principales autores y obras escritas se encuentran:

- **Fernán Caballero** (Seudónimo de Cecilia Bohl de Faber). Escribió *La gaviota,* novela que describe las costumbres andaluzas.
- **Juan Valera.** Autor de *Pepita Jiménez,* encantadora novela de tipo sicólogico, escrita en forma epistolar.
- **Pedro Antonio de Alarcón** Autor de *El sombrero de tres picos* y otras novelas humorísticas.
- **José Echegaray** Escribió dramas neorrománticos, entre ellos, *O locura o santidad.* Ganó el Premio Nobel de Literatura en 1904.
- **José María de Pereda** Escribió novelas que describen las dificultades de la vida en las costas del norte de España. Dos de ellas se titulan *Peñas arriba* y *Sotileza.*
- **Benito Pérez Galdós.** Es considerado por muchos como el mejor novelista de España después de Cervantes. Sus *Episodios nacionales* son una serie de novelas históricas que describen en forma magistral y muy amena la vida española durante la primera mitad del siglo.
- **Emilia Pardo Bazán** Escribió *Los pazos de Ulloa,* novela realista que pinta la decadencia de las familias aristocráticas de Galicia.
- **Armando Palacio Valdés** Escribió novelas de estilo romántico y sentimental, tales como *José, Marta y María* y *La hermana San Sulpicio.*

Preguntas

1. ¿Qué escritora del siglo XIX utilizó un seudónimo masculino?
2. ¿En que forma está escrita la novela *Pepita Jiménez*?
3. ¿Qué novela describe las costumbres de Andalucía?
4. ¿Qué escritor escribió novelas con humor?
5. ¿De qué trata la novela *Peñas arriba*?
6. ¿Cuál es el mejor escritor de esta época?
7. ¿Sobre qué escribió?
8. ¿De dónde era la novelista más famosa de esta época, Emilia Pardo Bazán?
9. ¿Quién escribió *La hermana San Sulpicio*?

La literatura en el siglo XX

Desde sus comienzos, este siglo auguraba ser otra época de oro en la literatura española. De 1904 a 1989, España se ha llevado cinco premios Nobel, y la era ha producido verdaderos colosos en los géneros de poesía, novelística, teatro y ensayo. Los cinco premios Nobel son José Echegaray (1904), Jacinto Benavente (1922), Juan Ramón Jiménez (1956), Victor Aleixandre (1977) y Camilo José Cela (1989).

Generación del 98

- **Azorín (José Martínez Ruiz)** crítico y ensayista de la Generación del 98. Su prosa tersa y elegante se destaca en sus ensayos *Los pueblos, y La ruta de don Quijote.*
- **Pío Baroja** escritor vasco de gran sensibilidad poética. Convirtió en narración novelesca las vicisitudes políticas de la España de su tiempo. *Camino de perfección,* y *El árbol de la ciencia* son dos de sus más destacadas obras.
- **José Ortega y Gasset** ensayista y filósofo, estilista de gran agudeza. Su ensayo político-sociológico, *La rebelión de las masas* es parte del curriculum de universidades estadounidenses, británicas y francesas.
- **Miguel de Unamuno** filósofo, ensayista, poeta, crítico y fililógo, figura máxima de la Generación del 98 y sin duda uno los escritores españoles más geniales del siglo XX. Entre sus muchas sobresale *Del sentimiento trágico de la vida.* Su novela titulada, *La tía Tula* fue llevada a la pantalla.

Modernistas

- **Ramón del Valle-Inclán** otro hijo de Galicia, prosista genial, virtuoso del estilo. Su *Sonata de otoño* es una de sus obras mas conocidas.
- **Vicente Blasco Ibañez** periodista y escritor de robusta inspiración en novelas de tesis social. Hollywood ha llevado a la pantalla algunas de sus obras maestras, como *Los cuatro jinetes del Apocalipsis,* y *Sangre y arena.*
- **Jacinto Benavente** autor dramático, premio Nobel 1922. Entre sus principales obras están *Los intereses creados,* que consagró su reputación, y el drama pasional, *La Malquerida.*
- **Antonio Machado** poeta andaluz como su padre y su hermano Manuel. Su obra poética se ha comparado con el ambiente de un "jardín umbrío." En ella se distingue su colección titulada *Soledades.*

Generación del 27

- **Rafael Alberti** considerado por muchos como la más alta figura de la lírica española contemporánea. "Pinto de sentimientos," ha vertido elocuentes "Colores" en obras como *Marinero en tierra,* y *Cal y canto.*
- **Federico García Lorca** se considera como uno de los más grandes poetas y dramaturgos españoles de todos los tiempos. Su colección titulada *Poeta en Nueva York* es difundida por el mundo entero en traducción. Sus tres obras cumbres son los dramas *Bodas de sangre, Yerma,* y *La casa de Bernarda Alba.* Es quizá el más conocido y venerado escritor español de nuestro tiempo. Vivió sólo 36 años.

- **Jorge Guillén** autor de versos de exquisita inspiración y forma sobria. Fue profesor de algunas universidades principales de Estados Unidos. Es autor de las colecciones tituladas *Cántico y Clamor.*

Contemporáneos

- **Juan Ramón Jiménez** premio Nobel 1956, un poeta que ejerció gran influencia en jóvenes escritores de los países de habla española. Su conocida obra, *Platero y yo*, es una hermosa elegía en prosa,
- **Juan Goytisolo** es figura principal de la novelestica contemporanea de España. Retrata mordazmente a la sociedad española. Dos de sus obras mas notables son *El circo* y *La resaca.*
- **Alfonso Sastre y Fernando Arrabal** son los más discutidos dramaturgos españoles de nuestro tiempo. Sus obras de carácter existencialista exponen lo más trágico de la condición humana. Entre las obras de Sastre se distinguen *Escuadra hacia la muerte* y *El triste compañero.* De la pluma incisiva de Arrabal son ejemplos su *El laberinto y Cementerio de coches.*
- **Ramón Sender** principal novelista del exilio tras la guerra civil (1936-1939), es considerado por muchos como uno de los principales exponentes de la novela española contemporánea. Figuran prominentemente en su obra *Los cinco libros de Ariadna, Réquiem por un campesino español,* y *Crónica del alba.*
- **Carmen Laforet** aclamada autora de la novela *Nada* sobre los difíciles años de la posguerra en España.
- **Ana María Matute** en su primera obra *Los Abel,* describe la vida en un pueblo minero en tonos reales y fantásticos, la cual siguió con *Fiesta al Noroeste, Pequeño teatro,* y varias otras.
- **Vicente Aleixandre** poeta sevillano, premio Nobel 1977. Ejemplos de su lírica reposada y a veces sombria son sus colecciones tituladas *Espadas como labios,* y *La destrucción del amor.*
- **Camilo José Cela** premio Nobel 1989, novelista de inventiva fuerte e ironica, nacido en Galicia. Es el autor de las conocidas obras *La familia de Pascual Duarte,* y *La colmena.*

Empareje

Escriba en el espacio de la derecha el número que corresponde al autor de la obra.

1. Pío Baroja	_____ *Platero y yo*
2. Juan Ramón Jiménez	_____ *La casa de Bernarda Alba*
3. Miguel de Unamuno	_____ *El árbol de la ciencia*
4. José Ortega y Gasset	_____ *Soledades*
5. Azorín	_____ *La familia de Pascual Duarte*
6. Federico García Lorca	_____ *La rebelión de la masas*
7. Antonio Machado	_____ *Sangre y Arena*
8. Camilo José Cela	_____ *Del sentimiento trágico de la vida*
9. Jacinto Benanente	_____ *La ruta de don Quijote*
10. Vicente Blasco Ibáñez	_____ *La Malquerida*

La pintura

Desde el Renacimiento, los grandes maestros españoles se han distinguido en el mundo entero. Algunos de los más importantes son:

- **EL Greco** nacido en Grecia, como indica su sobrenombre. Estudió en Italia pero vivió en España toda su madurez creativa. Fue el principal exponente del misticismo español en la pintura. Entre sus más famosas obras están su *Panorama de Toledo* y *El entierro del conde Orgaz*.

- **Diego Velázquez y Silva** Considerado por muchos como el pintor más grande de España, fue pintor de la corte de Felipe V—de ahí su famoso cuadro *Las meninas*. Tuvo incursiones geniales en la faz del pueblo, como el *Retrato de Juan de Pareja*—su ayudante negro—por él que el Museo Metropolitano de Nueva York pagó más de cinco millones de dólares.

- **Bartolomé Esteban Murillo** Sus cuadros religiosos están impregnados de sincero misticismo, como su famosa Inmaculada Concepción. Pintor también de escenas callejeras, de pastorcillos y pilletes, fue uno de los grandes dibujantes de su época.

- **Francisco de Goya y Lucientes** El máximo pintor de las costumbres nacionales. Pintó con gran realismo escenas guerreras, la algazara dominguera del pueblo y sus corridas de toros. También son suyas las hermosas majas: *La maja vestida* y *La maja desnuda*.

- **Joaquín Sorolla** Pintor impresionista que se distinguió por el matiz que dio a la luz del sol en sus obras. Sus escenas de la playa valenciana son inolvidables, entre ellas su cuadro *Los bañistas*. En el Museo Hispánico de Nueva York hay una gran coleccion de sus obras.

- **Ignacio Zuloaga** Pinta los aspectos más serios y graves de la España a principios de este siglo. Famoso por su sobrio realismo, deja notables retratos, entre ellos *Juez de pueblo* y *El pastor segoviano*.

- **Salvador Dalí** surrealista, creador de un arte abstracto de extravagancia sugestiva. Su personalidad artística ha sido muy discutida y sobre ella se han escrito varios libros. Sus retratos de Gala (su esposa) y *La Crucifixión de San Pedro* son óleos notables en su obra.

- **Joan Miró** pintor catalán, de tendencia surrealista, creador de un ambiente poético que surge entre signos de brillante colorido. Su cuadro, *Perro que ladra a la luna,* uno de sus más famosos, está en la colección del Museo de Arte de Filadelfia.

- **Pablo Ruiz Picasso** fundador de la escuela cubista y quizá la mayor influencia que ha tenido un pintor en el arte moderno. Figura tan discutida como venerada, vivió la mayor parte de su vida en Francia; allí pintó su famoso *Guernica,* enorme lienzo que simboliza la destrucción de ese pueblo vasco durante la guerra civil de España, poniendo de manifiesto los horrores de toda guerra.

- Entre el nutrido grupo de artistas españoles de esta época, están los mundialmente conocidos Eduardo Chillida, Antoní Tàpies, y Antonio Saura.

- **Chillida** escultor, forja piezas de impresionante dramatismo en metales dominados al calor de la fragua. Tàpies es pintor de sombras misteriosas que parecen llevar los secretos de antiguas murallas Saura, dibujante y pintor, está comprometido con el blanco y negro en obras de sugestiva caligrafía revestidas de singular plasticidad.

Preguntas

1. ¿Dónde nació y dónde estudió El Greco?
2. ¿Quién fue el pintor de la corte de Felipe V?
3. ¿Por qué cuadro pagó el Museo Metropolitano más de cinco millones de dólares?
4. ¿Qué pintaba Francisco de Goya y Lucientes?
5. ¿Cuál es la característica más importante de la pintura de Joaquín Sorolla?
6. ¿Qué pintaba Bartolomé Esteban Murillo?
7. ¿A qué escuela pertenece Salvador Dalí? ¿Cómo es su personalidad artística?

8. ¿Quién funda la escuela cubista? ¿Dónde nació?
9. ¿Qué es Guernica? ¿Qué pone de manifiesto?
10. ¿Cómo se titula el cuadro de Joan Miró que hay en el Museo de Arte de Filadelfia?
11. ¿En que material trabaja el escultor Chillida?
12. ¿A qué comparan los críticos los cuadros de Tàpies?
13. ¿Cuáles son los colores favoritos del pintor Saura?

La música

Quizás es en la tradición musical en la que se destaca la gran riqueza folklórica española. La música y los bailes populares han sido fuente de inspiración para muchos compositores españoles y extranjeros; entre estos últimos, Mozart, Bizet, Ravel y Rimsky-Korsakoff.

Puede decirse que la música forma parte esencial de la vida cotidiana del español, tanto como la copa de jérez en el bar favorito o la caminata del labriego hasta sus huertos. Las coplas o acordes aprendidos en edad temprana recuerdan incidentes y lugares del patrimonio familiar, y acompañan al español durante toda su vida. Se canta y se baila a todas horas y por cualquier motivo. Inevitablemente, se produce el contagio.

Sin duda, lo que más llama la atención al extranjero es la gran variedad folklórica popular, que se distingue claramente de una region a otra. Los bailes son un ejemplo: en Andalucía se encuentran la sevillana, el fandango y la malagueña; en Aragón, la jota; en Galicia, la muñeira; en Cataluña, la sardana; en Mallorca, el bolero; en las provincias vascongadas, el zorcico.

Músicos

Desde la Edad Media hasta la época presente, España ha tenido grandes compositores e intérpretes de la música, tanto de la propia como de la ajena. Entre los antiguos, se reconoce en muchos lugares a Antonio de Cabezón, compositor y organista del siglo XVI, y a Antonio Soler, compositor del siglo XVIII. Entre los modernos, hay muchísimos que gozan de prestigio internacional, tales como:

- **Isaac Albéniz** Compositor de música para piano. Sus obras más importantes son *Iberia* y *El Albaicín*.
- **Enrique Granados** Pianista y compositor. Su famosa obra *Goyescas* fue inspirada por la pinturas de Goya.
- **Manuel de Falla** Compositor nacionalista e impresionista. Su inspiración se deriva en gran parte de su tierra, Andalucía. Dos de sus obras más conocidas son *El sombrero de tres picos* y *El amor brujo*.
- **Joaquín Turina** Pianista y compositor. Escribió música sinfónica y la ópera.
- **Joaquín Nin** compositor y director de orquesta, autor de las *Siete canciones,* obras de inspiración andaluza que son joyas del repertorio de concierto de famosas sopranos y contraltos.
- **Pablo Casals** violoncelista, autor de numerosas piezas para orquesta de cámara. Una de sus obras mas sugestivas es *El pesebre*. Sus años de mayor creación transcurrieron en Puerto Rico. Conmemorando el centenario de su natalicio, en 1976 el rey Juan Carlos patrocinó un sello de correos dedicado al eminente músico.
- **Joaquín Rodrigo** autor de *El concierto de Aranjuez* para guitarra y orquesta que ha sido difundido por el mundo hasta por grupos de jazz clásico.
- **Andrés Segovia** sinónimo de la guitarra clásica. Enriqueció el repertorio de concierto de su instrumento con regias transcripciones que hoy son inspiración y norma de sus sucesores, no pocos de ellos sus alumnos. Difundió la guitarra como instrumento de concierto hasta pasados los noventa años.
- **Nicanor Zabaleta** considerado como el primer intérprete del arpa, maestro y transcriptor de música para su instrumento con el que se presenta en las salas principales de Europa, América y Japón.
- **Narciso Yepes** guitarrista clásico, favorito de orquestas de concierto, que hoy en día toca exclusivamente en su guitarra de diez cuerdas, única en el ámbito profesional.

- **Los Romeros** familia extraordinaria de cuatro guitarristas, conocidos mundialmente; el padre, Celedonio, y sus hijos Pepe, Ángel, y Celedonio hijo. Cada cual se ha labrado un nicho propio en el difícil arte de la guitarra clásica.
- **Alicia de Larrocha** pianista de tan magistral versatilidad que sus admiradores de Carnegie Hall y Lincoln Center la consideran, unos como la máxima intérprete de Albéniz, Granados y de Falla; y otros como su exponente favorita de Bach y Mozart.

El mundo de la ópera se ha nutrido notablemente en nuestos días con estrellas españolas del bel canto. Se distingue principalmente Plácido Domingo, quizá la máxima figura operática del Metropolitan Opera de Nueva York y La Scala de Milano—que empieza a destacarse también como director de orquesta… Monserrat Caballé, la gran diva catalana… Victoria De Los Ángeles, la soprano lírica que han llamado la mejor intérprete de Gounod y Puccini… El joven tenor José Carreras… El tenor dramático Alfredo Kraus… Las sopranos Pilar Lorengar y Teresa Berganza.

Imposible hablar de éxitos españoles en la escena de conciertos sin nombrar al menos a sus máximas figuras del baile clásico. La más joven de ellas, Trinidad Sevillano, aún sin haber cumplido los veinte años tuvo a fines de la década de los '80 un éxito sin precedente al interpretar *Giselle* en el Metropolitan Opera House de Nueva York con la primera compañía de Estados Unidos, el American Ballet Theater.

Preguntas

1. Mencione algunos compositores extranjeros que se han inspirado en la música y los bailes populares españoles.
2. Explique la importancia de la música en la vida diaria del español.
3. Diga los nombres de algunos bailes folklóricos de las diferentes regiones de España.

Empareje

Escriba el número de la actividad o de la obra en el espacio que corresponde a la persona.

1. *Concierto de Aranjuez*	_____ Nicanor Zabaleta
2. famosa pianista	_____ Manuel de Falla
3. *Goyescas*	_____ Trinidad Sevillano
4. *Siete canciones*	_____ Joaquín Rodrigo
5. *Iberia*	_____ Pablo Casals
6. familia ilustre	_____ Alicia de Larrocha
7. *Giselle*	_____ Antonio de Cabezón
8. gran guitarrista	_____ Isaac Albéniz
9. famoso tenor	_____ Narciso Yepes
10. guitarra de 10 cuerdas	_____ Enrique Granados
11. organista del siglo XVI	_____ los Romero
12. intérprete del arpa	_____ Plácido Domingo
13. violoncelista	_____ Andrés Segovia
14. *El amor brujo*	_____ Joaquín Nin

La arquitectura

Puede decirse que España es un enorme museo arquitectónico. La arquitectura en España acusa la influencia de los estilos de otras tierras y otros pueblos. Estos estilos, al mezclarse con los ya existentes, han producido otros netamente españoles. Tres estilos influyeron grandemente en la arquitectura española: el romano, el gótico y el árabe. Éstos dieron origen a los estilos románico y mudéjar. El primero es sobrio, macizo, imponente; el segundo es fino, elegante, delicado, como "puños de hombre y manos de mujer".

En las tierras del sur se encuentran mezquitas, palacios y castillos construidos por los árabes, como el palacio de la Alhambra en Granada, la mezquita de Córdoba y el castillo de Coca.

Con el Renacimiento llega el estilo barroco. En España evolucionó de tal forma que tomó características propias y se conoció como churrigueresco por su iniciador, el arquitecto y escultor José de Churriguera. Un ejemplo notable de este estilo es la fachada de la catedral de Santiago de Compostela.

Además de los monumentos ya mencionados, hay muchas otras construcciones dignas de mención en toda España por ser verdaderas joyas arquitectónicas. Algunas de ellas son catedrales famosas, como las de Burgos, Toledo, Sevilla, León y el palacio-monasterio de El Escorial.

El arquitecto Antonio Gaudí dejó una huella singular a principios de este siglo. Fue creador de un estilo atrevido en el que prevalecen las formas sinuosas y motivos de decoración naturalista. Casi todas sus obras se encuentran en su ciudad natal de Barcelona; y allí, en el corazón metropolitano de la llamada Ciudad Condal, está su impresionante iglesia inacabada, La Sagrada Familia.

Preguntas

1. ¿Cuáles son los tres estilos que influyeron más en la arquitectura española?
2. ¿Cómo se llaman los dos estilos a que dieron origen?
3. Mencione tres construcciones famosas de los árabes en España.
4. ¿Qué estilo llega a España con el Renacimiento?
5. ¿Cómo se llamaba el arquitecto y escultor que dio su nombre a un estilo arquitectónico en España?
6. ¿Cuál es un ejemplo notable de ese estilo?
7. Mencione algunas catedrales famosas de España.
8. ¿Cuál es la obra más conocida del arquitecto Gaudí?

Las ciencias

Aunque España ha dado al mundo menos hombres de ciencia que otros países, su contribución en este campo ha sido notable.

- **El doctor Santiago Ramón y Cajal** se distinguió por sus investigaciones en el campo de la histología y la neurología. En 1906 ganó el Premio Nobel de Medicina.
- **Juan de la Cierva** inventó el autogiro, vehículo precursor del helicóptero. Se le concedió la Medalla Guggenheim, el más alto galardón de la aviación.
- **Julio Rey Pastor y Luis Rodes** han hecho importantes contribuciones en la matemática analítica y en la astronomía, respectivamente.
- **Leonardo Torres Quevedo** ingeniero, inventó el telequino, un aparato que se usa para el control remoto de los barcos en alta mar.
- **El doctor Gregorio Marañón** además de ensayista, historiador y crítico de arte, se distinguió por sus profundas investigaciones científicas en endocrinología.
- **El doctor Severo Ochoa** se hizo acreedor al Premio Nobel de Medicina en 1959 por sus investigaciones en el campo de la biología.

Preguntas

Escriba el nombre de la ciencia en que se distinguió cada una de las siguientes personalidades:

1. Santiago Ramón y Cajal _____
2. Juan de la Cierva _____
3. Leonardo Torres Quevedo _____
4. Gregorio Marañón _____
5. Severo Ochoa _____
6. Luis Rodas _____
7. Julio Rey Pastor _____
8. ¿Cuál de estos científicos gana la Medalla Guggenheim? _____
9. ¿Quién gana el Premio Nobel de Medicina en 1906? _____
10. ¿Quién gana el Premio Nobel de Medicina en 1959? _____

Hispanoamérica

Iberoamérica o Hispanoamérica, comienza en el Río Bravo (Río Grande) y se extiende por el sur del continente hasta la Tierra del Fuego. Comprende, además, varios países y pequeñas colonias situadas en las Antillas Mayores y Menores.

Las naciones de Hispanoamérica son: México, Guatemala, Honduras, El Salvador, Nicaragua, Costa Rica, Panamá, Cuba, República Dominicana, Puerto Rico, Venezuela, Colombia, Ecuador, Perú, Bolivia, Chile, Argentina, Uruguay, Paraguay y Brasil. En todos estos países se habla español, excepto en el Brasil, donde se habla portugués.

Aunque la población de Hispanoamérica (unos 280,000,000 de habitantes) es pequeña en relación con su enorme extensión territorial, aumenta en forma muy rápida. Entre las ciudades que pasan de un millón de habitantes se encuentran México, La Habana, Buenos Aires, Río de Janeiro, São Paulo, Santiago, Bogotá, Caracas y Lima.

Hispanoamérica constituye un verdadero "mosaico racial". En los diversos países y territorios que la forman conviven blancos, descendientes de los colonizadores y de inmigrantes europeos más recientes; negros, que descienden de los esclavos traídos del África durante la época colonial; indios, descendientes de los habitantes originales; y las mezclas de todas estas razas.

En forma lenta pero efectiva, Hispanoamérica tiende a alcanzar una verdadera integración racial. El crecimiento y desarrollo contribuyen a apresurar dicha integración. Por otra parte, el hispanoamericano ha heredado de los españoles y los portugueses una marcada tolerancia en lo relativo color o raza. Las verdaderas diferencias son más bien de carácter cultural, histórico y social.

Preguntas

1. ¿Dónde empieza y dónde termina Hispanoamérica?
2. Mencione las naciones de Hispanoamérica.
3. ¿Qué relación guarda la población de Latinoamérica con su extensión territorial?
4. Mencione las ciudades que tienen más de un millon de habitantes.
5. Diga un país de Hispanoamérica donde no se habla español.
6. ¿Qué idioma se habla en ese país?
7. Diga otros nombres con que se conoce Hispanoamérica.
8. Mencione las tres razas principales que han poblado la América Latina.
9. En general, ¿qué actitud tiene el hispanoamericano con respecto a las cuestiones raciales? ¿De quiénes ha heredado esa actitud?

Geografía

Montañas, ríos y lagos Al sur del Río Bravo (Río Grande en EE.UU), los Montes Rocosos o Rocallosos forman dos cadenas que cruzan el territorio de México. Estas cadenas se conocen como Sierra Madre Oriental la una, y Sierra Madre Occidental la otra. En Centroamérica vuelven a unirse ambas cadenas, y al llegar a Suramérica, se extienden a lo largo de la costa occidental con el nombre de Cordillera de los Andes.

Los picos más altos de México son el Citlaltépetl, el Popocatépetl y el Ixtaccíhuatl. En Centroamérica el más alto es el Momotombo, en Nicaragua. En la cordillera andina hay varios de enorme altura, entre ellos el Chimborazo y el Cotopaxi, en el Ecuador, y el Aconcagua, situado entre Chile y la Argentina, que es el más alto de toda la cordillera.

Entre los ríos mas notables se encuentran el Amazonas, el más extenso de todo el hemisferio occidental, que atraviesa el Brasil de oeste a este; el Orinoco, que cruza por Venezuela; el Paraná, que atraviesa la Argentina, el Brasil y el Paraguay, y el Río de la Plata, que cruza la Argentina. El Marañón recorre el Perú y más tarde se une al Amazonas.

El lago navegable más elevado del mundo se encuentra entre Perú y Bolivia; se llama Titicaca. En

Nicaragua existen numerosos lagos; los principales son el Gran Lago y el Lago de Managua

En Latinoamérica, al igual que en España, existe gran variedad de climas. La mayor parte del territorio se encuentra en la zona tórrida: catorce países se hallan comprendidos totalmente dentro de esa zona. El Uruguay, la mayor parte de la Argentina y de Chile se encuentran en la zona templada del sur. El clima de montaña, tan sano y agradable, se encuentra en numerosas partes

Debido a su situación geográfica, las estaciones en el hemisferio sur (donde se encuentra la mayor parte de Hispanoamérica) se producen en épocas exactamente contrarias a las correspondientes al hemisferio norte. Es decir, cuando es verano en Nueva York, es invierno en Buenos Aires.

Varias corrientes marinas de enorme extensión e importancia bañan las costas de la América Latina. Las dos más importantes son la Corriente del Golfo, que se forma en el Golfo de México y llega hasta el norte de Europa, y la Corriente de Humboldt, que parte del Antártico y corre por toda la costa occidental de Suramérica, enfría notablemente la temperatura pero ocasiona, al mismo tiempo, notable sequedad.

Preguntas

1. ¿Cómo se llaman las dos cadenas de montañas que hay en México?
2. ¿Cómo se llama la cordillera que se extiende a lo largo de la costa occidental de Suramérica?
3. ¿Cuál es el pico más alto del continente?
4. Mencione otros picos de Hispanoamérica.
5. ¿Cuál es el río más largo del hemisferio occidental?
6. Mencione otros ríos importantes de Suramérica.
7. ¿Cuál es la característica más importante del lago Titicaca?
8. ¿Cuántos países se encuentran dentro de la zona tórrida?
9. ¿Qué países se encuentran en la zona templada del sur?
10. ¿Por qué es importante la corriente de Humboldt?

División política: regiones y países

- **México.** México es el único país hispanoamericano que se encuentra en Norteamérica. Es uno de los países mayores y más adelantados de Latinoamérica. Por su gran extensión y variada topografía, hay en México regiones de climas y productos muy distintos. México es un país rico en recursos naturales y está bastante industrializado.

- **Centroamérica y las Antillas.** Los países que se encuentran entre México y Colombia forman la América Central o Centroamérica. Son seis: Guatemala, Honduras, El Salvador, Nicaragua, Costa Rica y Panamá. En todos estos países, excepto en Panamá, hay gran cantidad de lagos y volcanes. Toda la región es de clima tropical, aunque hay lugares de temperatura fresca debido a la altura. De ahí que los productos principales sean el banano y el café. En Panamá el suelo es menos montañoso que en los otros países centroamericanos. Ocupa el lugar más angosto del continente y por eso se construyó en ese país el canal interoceánico que une el Atántico con el Pacífico. El Canal de Panamá y una angosta faja de terreno a su alrededor están bajo la jurisdicción del gobierno de los Estados Unidos.

  En las Antillas se encuentran Cuba, Puerto Rico (estado libre asociado de los Estados Unidos), Haití y la República Dominicana. Algunas otras islas (Jamaica, Trinidad y Tobago) son estados independientes, asociados con la comunidad de naciones británicas; las demás pertenecen a diversos países europeos. El clima de la región es tropical, y por éste y otros motivos, es un paraíso turístico.

- **Suramérica.** Los países de Suramérica son: Colombia, Venezuela, Ecuador, Perú, Bolivia, Chile, Argentina, Paraguay, Uruguay y Brasil. La población no guarda una relación adecuada con el enorme territorio que abarca la región.

  Casi todas las ciudades capitales y otros centros urbanos de importancia se encuentran en las costas, o cercanos a puertos de mar. El interior comprende extensiones enormes, en gran parte inexplorables. Algunas son selváticas, como el Mato Grosso en el Brasil; otras, semidesérticas, como el altiplano de Bolivia y Perú, el noreste brasileño o las pampas argentinas. Otras constituyen verdaderos océanos de hierbas y praderas, como los llanos venezolanos. Una notable excepción la constituye Colombia, con sus numerosos centros industriales y su bien distribuida población.

Como ha sucedido en otras partes del mundo durante el siglo presente, los campesinos en la América del Sur tienden a emigrar a las ciudades, abandonando fincas y aldeas. Esto ha provocado un crecimiento tan desproporcionado como anárquico y violento de las grandes ciudades, y bruscos contrastes entre el corazón moderno y próspero de esas ciudades y las grandes barriadas pobres donde se congregan los que llegan del campo. Estas barriadas reciben nombres tan gáficos como pintorescos: ranchitos en Caracas y Maracaibo; villamiserias en Bogotá; favelas en Río de Janerio.

Pero a pesar de tantos factores adversos, el progreso es notable en todas las esferas. Han mejorado mucho la salubridad, la educación, el comercio y la industria, y el nivel general de vida aumenta y mejora sin cesar, pero las fluctuaciones son considerables, de país a país y de región a región.

Preguntas

1. ¿Qué país hispanoamericano se encuentra en Norteamérica?
2. ¿Dónde se encuentra el punto más angosto del continente y que se construye allí?
3. Mencione los países hispanoamericanos de las Antillas.
4. ¿Qué es Puerto Rico?
5. ¿Cuáles son países de Suramérica?
6. Explique los problemas de la distribución de la población en Suramérica.
7. ¿Qué son ranchitos, villamiserias y favelas?

España en América

Descubrimientos

El 12 de octubre de 1492, un marinero de la tripulación de Cristóbal Colón divisó una isla. La expedición había salido de España el tres de agosto con el propósito de llegar a la India navegando hacia el oeste. Desembarcaron y tomaron posesión de la isla en nombre de los reyes de España, Fernando e Isabel. La llamaron San Salvador; hoy se conoce con el nombre de Watlin Island, del grupo de las Bahamas. Sin saberlo, habían llegado a un nuevo continente, y habían demostrado que la tierra no era plana, como generalmente se creía en aquella época.

Durante ese viaje Colón y sus hombres exploraron varias islas de las Antillas, entre ellas Cuba y la Española (Haití y la República Dominicana). Al regresar a España, el relato de sus aventuras inspiró a otros exploradores, no sólo españoles, sino de otras nacionalidades. Los viajes de exploración se multiplicaron rápidamente. Uno de esos exploradores, Américo Vespucio, determinó que estas tierras no formaban parte de la India, como creía Colón, sino que eran todo un continente enteramente desconocido para los europeos. Dibujó mapas de los territorios ya explorados y de esos trabajos se derivó el nombre de América.

Colón hizo tres viajes más y exploró las costas de Venezuela y Centroamérica, regresando finalmente a España, donde murió triste, pobre y olvidado.

Preguntas

1. ¿Cómo llamaron los españoles a la primera isla donde llegaron?
2. ¿Qué otras islas exploró Colón en su primer viaje?
3. ¿Que habían hecho los españoles, sin saberlo?
4. ¿Por qué se llama América a este continente?
5. ¿Fueron sólo españoles los exploradores del nuevo continente?

La vida en las colonias

Los primeros españoles que vinieron al Nuevo Mundo buscaban sólo tesoros, glorias y aventuras. Como tantos otros grupos de inmigrantes de epocas posteriores, querían enriquecerse rápidamente para regresar a la patria a disfrutar de los bienes acumulados. Comenzaron, pues, por esclavizar a los indios, y cuando más tarde el padre Bartolomé de las Casas y otros frailes se esforzaron para que se tratara mejor a los aborígenes, comenzaron a traer negros del África, en calidad de esclavos. Lo mismo hicieron, poco tiempo después, ingleses, franceses, holandeses y portugueses.

Los negros y los indios, pues, hacían los trabajos manuales, tales como la explotación de minas, plantaciones, y labores domésticas. Los españoles se encargaban de las funciones del gobierno y de las pocas actividades comerciales que había entonces.

Esta situación se prolongó por muchos años, a pesar del progreso social y cultural alcanzado por los criollos (hijos de españoles nacidos en América). Estos, naturalmente, resentían la exclusión que de ellos se hacía en todas las funciones y actividades importantes, y esta actitud fue posiblemente la causa primordial de las luchas por la independencia, que dieron como resultado la liquidación del imperio español y la formación de las repúblicas hispanoamericanas.

Preguntas

1. ¿Qué buscaban los primeros españoles que llegaron a América?
2. ¿Para que hicieron campaña Bartolomé de las Casas y otros frailes?
3. ¿Qué hacían los indios y los negros?
4. ¿Qué funciones se reservaban los españoles?
5. Explique la reacción de los criollos y sus consecuencias.

Conquista y colonización

Las primeras colonias se establecieron, naturalmente, en las islas de las Antillas. De allí los colonos empezaron sus incursiones a tierra firme, fundando colonia tras colonia. La conquista de América es uno de los episodios más fascinantes y extraordinarios de todos los tiempos. Fue época de hombres audaces, de increíble valor y tenacidad. La relación completa de hombres y hazañas llenaría muchísimas páginas.

Entre los que más se destacan, están Hernán Cortés, conquistador de México, y Francisco Pizarro, conquistador del Perú. Ambas campañas fueron muy violentas y la sangre corrió libremente, pero al fin, España se impuso y desde esos territorios extendió su dominio, su influencia y su cultura por todo el continente. Establecieron colonias en casi todas las Antillas, en toda Centroamérica, en gran parte de Norteamérica y en toda Suramérica, excepto en el Brasil, que fue colonizado por Portugal.

Un aventurero español llamado Vasco Núñez de Balboa descubrió el océano Pacífico (él lo llamó Mar del Sur) y abrió así otra ruta para facilitar el transporte de las grandes riquezas que se enviaban a España.

Un portugués al servicio de España, Fernando de Magallanes, descubrió el estrecho que lleva su nombre. Aunque él no pudo terminar la travesía, parte de su expedición, al mando de Sebastián Elcano, dio feliz término al primer viaje de circunnavegación. Regresaron a España por el este, aunque habían salido por el oeste.

Preguntas

1. ¿Dónde se establecieron las primeras colonias americanas?
2. Mencione dos de los conquistadores más destacados.
3. ¿Quién descubrió el océano Pacífico?
4. ¿Qué descubrió Fernando de Magallanes?
5. ¿Qué hicieron algunos miembros de su expedición?

Los primeros americanos

Los conquistadores encontraron diferentes grupos habitando las tierras de América. Algunos de ellos tenían una civilización avanzadísima, comparable en muchos aspectos con las civilizaciones asiáticas y europeas. De estos grupos, los más importantes fueron los mayas, los aztecas y los incas. Los mayas vivían en la península de Yucatán y en casi toda la America Central, así como en otras partes de lo que hoy es México. Construyeron ciudades impresionantes, grandes templos en forma de pirámides y espléndidos palacios. Los astrónomos mayas crearon un calendario muy preciso. Cuando los españoles llegaron a América, la civilización maya había desaparecido casi totalmente: muchas de sus ciudades estaban en ruinas. Se cree que otros pueblos, más belicosos y mejor armados, acabaron con ella.

Los aztecas vivían en México; su cultura era muy elevada. Como los mayas, construyeron ciudades, palacios y templos en forma de pirámides. Tenían muchos aspectos culturales comunes con los mayas, por lo que se supone que habían aprendido mucho de estos. Fueron heróicos defensores de sus tierras.

Los incas vivían en lo que hoy es Ecuador, Perú y Bolivia. Como los mayas y los aztecas, tenían un alto grado de civilización. Habían creado un excelente sistema de gobierno y poseían una magnífica red de carreteras y comunicaciones dentro de su vasto imperio. Desarrollaron la agricultura mediante un sistema de regadío y de terrazas en las faldas de los Andes, que aún hoy causan admiración. Al igual que los aztecas, se defendieron con gran heroísmo de los españoles mandados por Pizarro.

Preguntas

1. ¿Dónde vivían los mayas?
2. ¿Qué hicieron los astrónomos mayas?
3. ¿Cómo estaba la civilización maya a la llegada de los españoles?
4. ¿Dónde vivían los aztecas?
5. ¿Qué clase de pueblo fue el azteca?
6. ¿Qué construyeron?
7. ¿Por dónde se extendía el imperio de los incas?
8. ¿Cómo eran sus carreteras y comunicaciones?
9. ¿Dónde y cómo desarrollaron la agricultura?
10. ¿Cuál fue la actitud de los incas ante los ataques de los españoles?

El gobierno colonial

Para el mejor gobierno de las posesiones ultramarinas, se establecieron varias instituciones y se crearon ciertos cargos que representaban el poder real en América. La Casa de Contratación se encargaba del comercio y de las exploraciones geográficas.

El Consejo de Indias nombraba los funcionarios y disponía la defensa militar, resolvía las cuestiones judiciales y muchos otros asuntos de importancia.

Los primeros núcleos del gobierno se establecieron en Santo Domingo y Panamá. Pero a medida que se iban descubriendo, explorando y colonizando nuevos territorios, se iban creando también otras gobernaciones. Surgieron entonces los virreinatos: el de Nueva España (México) y el de Lima (Perú) fueron los primeros. Después se fundaron los de Nueva Granada (Bogotá) y Río de la Plata (Buenos Aires). Igualmente, se crearon varias capitanías generales (Venezuela, Cuba).

En cada núcleo de población importante existía una audiencia, que se encargaba de las funciones judiciales, y un arzobispado. Y por último, se reprodujo en América el sistema español de los municipios, en el que cada localidad tenían alto grado de autonomía gubernativa. De todas estas formas de gobierno, el municipio es la única que todavía existe en todos los países de América.

Preguntas

1. Mencione dos instituciones que se encargaban del gobierno de América desde España.
2. ¿Dónde se establecieron las primeras gobernaciones?
3. Mencione los virreinatos.
4. ¿Qué institución se encargaba de los asuntos judiciales en las distintas localidades americanas?
5. ¿Qué sistema de gobierno trasplantado de España se encuentra todavía en los países americanos?

La independencia

Las luchas por la independencia empezaron en Suramérica en 1806, con un intento que fracasó por completo. Pero la gran oportunidad se presentó con la invasión de España por Napoleón y las luchas civiles que siguieron a la restauración de la dinastía borbónica.

El movimiento revolucionario se extendió por todas las regiones del continente, imitando el ejemplo de la rebelión de las colonias inglesas de Norteamérica, de cuyo proceso surgió los Estados Unidos de América.

Entre los múltiples líderes, mártires, héroes e inspiradores de la lucha independentista, se destacan extraordinariamente Simón Bolívar y José de San Martín. El primero libertó a Venezuela, Colombia, Ecuador, Perú y fundó Bolivia. San Martín dio la independencia a Chile y la Argentina.

México y los países centroamericanos alcanzaron también su independencia durante este período, que comenzó a principios del siglo XIX y terminó en 1898, al cesar la brevísima contienda entre Estados Unidos y España. Como resultado de ella, España perdió sus últimas posesiones americanas: Cuba y Puerto Rico.

Preguntas

1. ¿Dónde y cuándo empezaron las luchas de independencia?
2. ¿Qué ejemplo siguieron los revolucionarios hispanoamericanos?
3. ¿Cuáles son las dos figuras que obtuvieron más renombre en las luchas de independencia?
4. ¿Qué logró cada una de estas dos personas?
5. ¿Cuándo y cómo terminó el poder colonial español en América?

Patrimonio hispánico en los Estados Unidos

En Estados Unidos es fácil encontrar el rastro histórico español. Hay más de dos mil pueblos y ciudades, sobre todo en el oeste y el suroeste, con nombres como Los Ángeles, Sacramento, San Francisco, El Paso, Santa Fé, Las Vegas. En California, en Tejas y en otros estados quedan numerosas misiones e iglesias de la época colonial.

San Agustín, en la Florida, fundada en 1565 por los españoles, es la ciudad más antigua de Estados Unidos. En la Florida es muy evidente la influencia latinoamericana por la presencia de cientos de miles de cubanos y otros hispanoamericanos.

Periódicos, revistas y centros culturales en California, Nuevo México y Arizona conservan viva la cultura hispánica y sus lazos con las repúblicas hermanas. En esos estados hay muchos descendientes de mexicanos y también de los colonizadores españoles.

La gran inmigración hispana procedente de Puerto Rico y otros países de Hispanoamérica contribuye a la difusión de la cultura española en otras partes del país. En Nueva York y en Los Ángeles se publican periódicos tales como *El Diario-La Prensa* y *El Tiempo*, y revistas con nombres como *Temas, Nueva York Hispano* y *Gráfica*. Varias estaciones de radio y televisión ofrecen programas en español. Se estima que hay casi veinte millones de hispanoparlantes en Estados Unidos.

Preguntas

1. ¿Diga los nombres españoles de pueblos y ciudades de Estados Unidos que usted recuerde.
2. ¿Cuál es la ciudad más antigua de Estados Unidos?
3. ¿Dónde hay muchos cubanos?
4. ¿En qué estados hay muchos descendientes de mexicanos?
5. ¿Cómo se llaman algunos periódicos y revistas en español que se publican en Nueva York y en Los Ángeles?

Relaciones entre ambas Américas

Las relaciones entre Estados Unidos y los países latinoamericanos han tenido diferentes aspectos y caracteres a través de las diversas épocas. Ha habido de todo: penetración económica e intervención política norteamericana en los países menos desarrollados del sur; conflictos armados; anexiones de territorios, etc. Y desde que terminó la Primera Guerra Mundial (1918) hasta la fecha, el desarrollo de un "espíritu panamericano" cuyo objetivo es el efectivo beneficio mutuo.

Ejemplos de este panamericanismo son la Política del Buen Vecino, formulada por el presidente Franklin D. Roosevelt en 1933; la Alianza para el Progreso, puesta en práctica por el presidente John F. Kennedy; y la actuación desinteresada y efectiva del Cuerpo de Paz, institución oficial norteamericana que envía a cientos de personas, muchos de ellos jóvenes, técnicos experimentados, a trabajar en los más diversos campos en varias naciones latinoamericanas. (El Cuerpo de Paz también envía voluntarios a otras partes del mundo.)

Grupos independientes del gobierno, organizados por la Iglesia Católica y otras denominaciones religiosas, realizan también una labor digna de alabanza en muchos lugares de Latinoamérica.

Preguntas

1. Mencione algunos hechos que amargaron las relaciones entre Estados Unidos y Latinoamérica.
2. ¿Cuándo comenzaron a mejorar las relaciones entre ambas Américas?
3. ¿Quién formuló la Política del Buen Vecino?
4. ¿Qué creó el presidente Kennedy?
5. Mencione otros esfuerzos llevados a cabo para mejorar las relaciones entre Estados Unidos y los países latinoamericanos.

La Organización de los Estados Americanos (OEA)

Puede decirse que la Organización de los Estados Americanos (OEA) es la realización del sueño bolivariano de unión y concordia entre los países del hemisferio occidental. El primer paso hacia esa meta fue el Congreso de Panamá en 1826, al que concurrieron varias repúblicas americanas por invitación de Simón Bolívar.

En la IX Conferencia Interamericana, reunida en Bogotá en 1948, firmaron la Carta de la Organización de los Estados Americanos las siguientes repúblicas: Argentina, Bolivia, Brasil, Colombia, Costa Rica, Cuba, Chile, Ecuador, El Salvador, Estados Unidos, Guatemala, Haití, Honduras, México, Nicaragua, Panamá, Paraguay, Perú, República Dominicana, Uruguay y Venezuela. En 1962 se excluyó a Cuba del sistema interamericano. En 1967 fueron admitidas Trinidad y Tobago y Barbados; en 1969, Jamaica.

Los objetivos fundamentales de la OEA son mantener la paz y facilitar un acuerdo amigable al ocurrir cualquier conflicto entre los miembros; ejercer acción conjunta defensiva en caso de agresión; tratar de resolver las dificultades de carácter político, jurídico, social o económico que amenacen la concordia de los pueblos y, finalmente, fomentar la cooperación para el progreso económico, social y cultural de los países del hemisferio.

Preguntas

1. ¿Cuál fue el primer paso para la formación de la OEA?
2. ¿Qué sucedió en Bogotá en 1948?
3. ¿Qué países asistieron a esa reunión?
4. ¿Qué sucedió en 1962, l967, 1969?
5. Diga cuáles son los objetivos fundamentales de la OEA.

Escritores, artistas y científicos

La tradición cultural en Latinoamérica tiene una larga historia. La primera universidad del Nuevo Mundo se fundó en Santo Domingo en 1538, un siglo antes que la Universidad de Harvard. En 1536 llega la primera imprenta a México.

Todas las novedades de Europa llegaban rápidamente en los galeones que hacían el viaje de España a las colonias. El latinoamericano siempre ha tenido una mentalidad dispuesta a recibir las corrientes de otras partes y en el proceso de evolución de las ideas ha llegado a producir formas nuevas, propias, en muchas ramas del saber.

Entre los hispanoamericanos de nuestro tiempo que han contribuido valiosamente a las artes, las letras y las ciencias se encuentran:

Novelistas

- **Ciro Alegría** peruano. Su obra más conocida es *El mundo es ancho y ajeno*, donde describe la vida de los indios oprimidos por los terratenientes.
- **Jorge Amado** brasileño. Pinta la vida de su pueblo en un estilo a la vez político y realista. *Gabriela, clavo y canela* es una de sus obras más conocidas. *Doña Flor y sus dos maridos* tuvo una excelente versión fílmica.
- **Miguel Ángel Asturias** guatemalteco, premio Nobel 1967. Sus novelas se distinguen por un profundo realismo e indudable contenido social, como *Hombres de maíz y El señor presidente*.
- **Jorge Luis Broges** prosista argentino, innovador y revolucionario de las letras hispánicas. Más tarde influye otras literaturas con sus estudios y viajes en el extranjero. Entre sus obras están *Ficciones y El Aleph*.
- **Alejo Carpentier** novelista cubano, premio Cervantes otorgado por el rey de España, 1980. Precursor del "realismo mágico"* que caracteriza la novelística latinoamericana contemporánea. Ejemplos eximios de su estilo son *Los pasos perdidos* y *El reino de este mundo*.
- **José Donoso** novelista chileno, de profundos conceptos filosóficos y expresión lírica. Dos de sus más admiradas obras son *El obsceno pájaro de la noche* y *La desesperanza*.
- **Carlos Fuentes** mexicano, uno de los escritores hispanoamericanos favoritos de la juventud literaria de Estados Unidos. Su reciente novela de la Revolución mexicana, *Viejo gringo*, fue llevada a la pantalla por estrellas principales de Hollywood.
- **Rómulo Gallegos** novelista venezolano que se distingue por la maestria de sus narraciones y la profundidad de sus personajes. *Doña Bárbara* es quizá su obra más conocida. Fue presidente de Venezuela.
- **Gabriel García Márquez** colombiano, premio Nobel 1982, novelista de gran imaginación revelada con desarmante acento cotidiano. Quizá el escritor hispanoamericano más conocido de esta época, hacen historia sus obras *Cien años de soledad* y *El amor en los tiempos del cólera*.
- **Ricardo Güiraldes** argentino, escribió sugestivas novelas sobre la vida del gaucho. Su obra más famosa es Don Segundo Sombra.
- **Mario Vargas Llosa** peruano, cuyas novelas se basan en geniales retratos de la sociedad peruana en todos sus niveles. En su temprana madurez se ha revelado como un político importante en su país. Entre sus obras de gran éxito están *La casa verde* y *Conversación en la catedral*. Algunas de sus obras se han llevado al cine.

*(que él llama "lo real maravilloso")

Preguntas

Escriba el número del autor que corresponde a su obra.

1. Mario Vargas Llosa   _____ *Doña Bárbara*
2. Ciro Alegría   _____ *Conversación en la Catedral*
3. Ricardo Güiraldes   _____ *Cien año de soledad*
4. Miguel Ágel Asturias   _____ *Don Segundo Sombra*
5. Gabriel García Márquez   _____ *Hombres de maíz*
6. Jorge Luís Borges   _____ *Gabriela, clavo y canela*
7. Rómulo Gallegos   _____ *Los pasos perdidos*
8. Alejo Carpentier   _____ *Ficciones y El Aleph*
9. Carlos Fuentes   _____ *La desesperanza*
10. Jorge Amado   _____ *Viejo gringo*
11. José Donoso   _____ *El mundo es ancho y ajeno*

Algunos poetas y ensayistas

- **Rubén Darío** nicaragüense, precursor del movimiento modernista que repercutió hondamente en la lírica de España. *Azul* y *Cantos de vida y esperanza* son notables en su extensa obra.

- **Juana De Ibarbourou** uruguaya, llamada Juana de América, autora de *Raíz salvaje* y *La rosa de los vientos* entre otras colecciones de versos llenos de fragancia y colorido.

- **José Martí** apóstol de la independencia de Cuba. Luchador incansable, fue periodista, cronista y prosista además de inspirado poeta, uno de los iniciadores del modernismo. Entre su obra lírica se distinguen *Ismaelillo* y *Versos sencillos*.

- **Gabriela Mistral** chilena, premio Nobel 1945. Sus poemas son variedades de la misma idea: El amor universal—a la naturaleza, a los niños, a los humildes. Autora de las obras tituladas *Desolación, Ternura* y *Lagar*, entre otras.

- **Pablo Neruda** chileno, premio Nobel 1971. Uno de los más altos valores de la lírica hispana, fue embajador de su país en Francia. Canta con pasión a la América en acentos realistas, como en su *Canto general*, oda épica que señala su enorme versatilidad en contraste con, por ejemplo, *Veinte poemas de amor y una cancion desesperada*.

- **Octavio Paz** poeta, prosista y ensayista mexicano, profesor en la universidad estadounidense de Harvard. Su prosa alcanza una perfección clásica. Es autor de *El laberinto de la soledad* entre otras obras cumbres.

- **Alfonso Reyes** además de poeta, historiador mexicano, uno de los valores representativos de la literatura hispanoamericana. Entre sus obras se distinguen las tituladas *Visión de Anáhuac* y *Reloj de sol*.

- **José Santos Chocano** peruano. Defensor de un americanismo ardiente, canta a su tierra con exuberante lirismo. Autor de inspiradas odas como *Alma América* y *Fiat Lux*.

- **Alfonsina Storni** poetisa uruguaya nacida en Suiza. Fue maestra y periodista. Su obra evolucionó del romanticismo al simbolismo. Autora de *Ocre* y *El mundo de siete pozos*.

Empareje

En el espacio a la derecha, escriba el número del autor de cada obra.

1. Rubén Darío   _____ *El mundo de siete pozos*
2. Juana de Ibarbourou   _____ *Alma América*
3. José Martí   _____ *Reloj de sol*
4. Gabriela Mistral   _____ *El laberinto de la soledad*
5. Pablo Neruda   _____ *Ismaelillo*
6. Octavio Paz   _____ *Canto general*
7. Alfonso Reyes   _____ *Desolación*
8. José Santos Chocano   _____ *La rosa de los vientos*
9. Alfonsina Storni   _____ *Cantos de vida y esperanza*

Artes plásticas

En pintura México se lleva el galardón de sus tres grandes muralistas, José Clemente Orozco, Diego Rivera, David Alfaro Siqueiros. No obstante sus diversas técnicas, los tres influyeron profundamente el arte de este siglo, sobre todo en Hispanoamérica y Estados Unidos. Compartieron la temática revolucionaria—la vida, historia y luchas sociales de su tierra. Cada cual en su estilo y conceptos, deja una extensa obra de óleos, acuarelas, dibujos, famosos retratos, y producción gráfica, pero México y el mundo del arte los venera principalmente por sus frescos y murales.

Entre los pintores notables de México hoy en día se encuentran Rufino Tamayo y José Luis Cuevas. Tamayo fue nutrido por el cubismo y el fauvismo, pero tuvo en él también gran influencia el folklore mexicano. A Cuevas le han llamado "el Goya mexicano," por su mordaz visión de la condición humana.

Hacemos una ínfima selección de otros nombres de fama mundial en el ámbito artístico de la América Latina. Cuba tiene, por ejemplo, su gran maestro surrealista, Wifredo Lam, cuya ascendencia africana y asiática parece revestir de misterio sus óleos de visión selvática.... Oswaldo Guayasamin, ecuatoriano, que pinta con los colores del sol diáfano y las aguas turquesas de sus Islas Encantadas.... Fernando Botero, gran dibujante y colorista colombiano, retratista con gran sentido del humor... Candido Portinari es brasileño. Sus murales pueden verse en la Biblioteca del Congreso de Washington y su notable "Guerra y Paz" en las Naciones Unidas de Nueva York.

Preguntas

Nombre el país y dé algún dato interesante que identifique a estos artistas:

José Luis Cueva   _____

Diego Rivera   _____

Candido Portinari   _____

Wifredo Lam   _____

José Clemente Orozco   _____

Oswaldo Guayasamon   _____

Fernando Botero   _____

Rufino Tamayo   _____

Música, artes escénicas

Nombramos algunos de los intérpretes y creadores latinoamericanos que se han distinguido mundialmente en nuestro tiempo:

- Los grandes pianistas, Claudio Arrau de Chile, y Jorge Bolet de Cuba.
- **Alberto Ginastera** compositor argentino, autor de las óperas Don Rodrigo y Bomarzo.
- **Ernesto Lecuona** pianista y director de orquesta cubano. En su vasta obra se encuentran las populares composiciones, Malagueña y Siboney.
- **Silvestre Revueltas** compositor mexicano que cultivó aires indígenas con una técnica moderna, como su Sinfonía India.
- **Bidú Sayao** coloratura brasileña, estrella de los primeros teatros de ópera del mundo.
- **Marta Istomin** (viuda de Casals), violoncelista, transcriptora y musicóloga puertorriqueña.
- **Heitor Villa-Lobos** el maestro brasileño que estilizó la música folklórica de su país. En homenaje a Bach compuso nueve *suites* que tituló Bachianas brasileiras.

Cabe mencionar dos artistas famosos de épocas pasadas:

- **Teresa Carreño** gran pianista venezolana.
- **Brindis de Salas** violinista cubano de raza negra que fue favorito del público en las salas de concierto de Europa.

Entre las figuras máximas del ballet mundial se encuentra la ballerina assoluta Alicia Alonso, cubana, que hoy dirige su propia compañía en Cuba. También se destacan en el ballet las estrellas Fernando Bujones, cubano, Julio Bocca, argentino, y Evelyn Cisneros, mexicana, del San Francisco Ballet.

Cerramos este breve elenco ilustre con un nombre adorado por los públicos de cine hispanoamericano: Cantinflas (Mario Moreno), actor cómico mexicano. Se le ha llamado "el Charlie Chaplin de Hispanoamérica". Y según la opinión de Chaplin, es "el cómico más grande del mundo". Ha sublimado al tipo de la calle, que está convencido de que lo sabe todo y expresa sus opiniones con gran convicción y vehemencia. En Hispanoamérica se inventó el verbo "cantinflear," es decir, hablar mucho, decir poco y entregarse a divagaciones extravagantes. Casi todas sus películas son en español (*Ni sangre ni arena, El Circo, El padrecito*) pero el público de habla inglesa puede verlo en *La vuelta al mundo en 80 días*.

Preguntas

Nombre el país, campo de actividad o creación, o algún otro dato que identifique a estos artistas:

1. Claudio Arrau _____
2. Cantinflas _____
3. Alberto Ginastera _____
4. Jorge Bolet _____
5. Heitor Villa-Lobos _____
6. Ernesto Lecuona _____
7. Silvestre Revueltas _____
8. Alicia Alonso _____
9. Bidú Sayao _____
10. Marta Istomin _____
11. Brindis de Salas _____
12. Teresa Carreño _____

Las ciencias

Entre los latinoamericanos que se han distinguido por su labor en el campo de la ciencia, escogimos estos nombres:

- **Carlos Finlay** médico cubano. A principios de siglo descubrió que la fiebre amarilla la transmite cierto tipo de mosquito.
- **Bernardo Houssay** médico y biólogo argentino. Recibió el premio Nobel de Fisiología en 1947 por sus estudios de las glándulas de secreción interna.
- **Alberto Santos Dumont** aeronauta y científico brasileño. Hizo el primer vuelo con retorno al punto de partida en un dirigible de su creación. Fue uno de los más notables precursores de la aviación.

La arquitectura es más arte que ciencia, pero nos permitimos hacer mención de un gran arquitecto latinoamericano: Oscar Niemeyer, brasileño, principal creador de la nueva capital de su país, Brasilia.

Preguntas

Nombre el país de orígen, campo de actividad, o algún otro dato que identifique la labor de estos hombres:

1. Alberto Santos Dumont _____

2. Oscar Niemeyer _____

3. Carlos Finlay _____

4. Bernardo Houssay _____

Vocabulary

Vocabulary

This master vocabulary list contains all the words from the exercises in *Workbook in Everyday Spanish, Books 1* and *2*. For the cultural readings in *Book 2*, Spanish-English cognates have been omitted.

a, to, at
  a alguna parte, somewhere
  a causa de, because of
  a lo largo de, along
  a menudo, often
  a pesar de, in spite of
  a plenitud, fully
abdicar, to abdicate
abierto,-a, open
abogado,-a, lawyer
abrigo, shelter; coat
abrir, to open
abuela, abuelita grandmother, granny
abuelo, abuelito grandfather, gramps
abuelos, grandparents
aburrimiento, boredom
aburrir, to bore
aburrirse, to be bored
acabar, to finish
  acabar de…, to have just…
Acapulco, Mexican resort city
aceite (m), oil
  aceite de oliva, olive oil
aceituna, olive
acera, sidewalk
acerca de, about, concerning
acero, steel
acompañar, to accompany
acordarse, to remember
acordeón (m), accordion
acostar [ue], to put to bed
acostarse [ue], to go to bed
acta, certificate, statement
actitud (f), attitude
actor (m), actor
actriz (f), actress
actualidad (f), present time
actualmente, at present
actuar, to act, perform
acuático,-a, aquatic
acueducto, aqueduct
acuerdo, accord
de acuerdo con, in agreement with; according to
acusado,-a, accused

adecuado,-a, adequate
admirar, to admire
adornar, to adorn, to decorate
adquirir, to acquire
aeropuerto, airport
afán (m), zeal, eagerness
afectuoso, -a, affectionate
afeitar(se), to shave
aficionado, -a, fan (sports)
afilado, -a, sharp, sharpened
afilar, to sharpen
afinar, to tune (instrument)
afortunado,-a, lucky, fortunate
afuera, outside
agosto, August
agradecer [zc], to thank
agradecido, -a, thankful, grateful
agradar, to please
agrado, pleasure
agravio, offense, grievance
agregar, to add
agrícola, agricultural, farming
agricultor, -a, agriculturist, farmer
agrio,-a, sour
agua (f), water
  agua filtrada, filtered water
aguja, needle
ahogar(se), to drown
ahorrar, to save (money, time, *etc.*)
ahorros, savings (as in a bank)
ajedrez (m), chess
ajeno, -a, belonging to someone else; distant, detached
ajo, garlic
ajustar, to adjust
al, (a + el), to the, at the; upon
  al mediodía, at noon
  al revés, inside out
alabanza, praise
alarmar, to alarm
Albéniz (Isaac) (1860-1909), Spanish composer
alcachofa, artichoke
alcanzar, to reach (a place or point)
alcohol (m), alcohol
aldea, village
alegría, joy, merriment, gaiety

alemán,-ana, German
alfabeto, alphabet
alfiler (m), (straight) pin
alfombra, carpet
algazara, noise
álgebra (m), algebra
algodón (m), cotton
alguien, someone, somebody
algún, -una, algunos, -as, some
Alhambra (la), Moorish palace in Granada, Spain
allá, there, over there
allí, there
alma, soul
almacén, store
almanaque (m), calendar
almeja, clam
almirante (m), admiral
almorzar [ue], to eat lunch
almuerzo, lunch
alquilar, to rent
alrededor (de), around
alrededores, environs, surrounding area
altiplano, plateau
alto, -a, high; tall; stop, halt (sign)
altura, height
alumno, -a, pupil, student
Alvarado (Pedro de) (1485-1541), Spanish explorer
ama: ama de casa, housewife
amable, nice, friendly
amargo,-a, bitter
amarillo,-a, yellow
ambición (f), ambition
ambicioso,-a, ambitious
ambos,-as, both
ambulancia, ambulance
ameno, -a, pleasant, agreeable, nice
americano,-a, American
amigo,-a, friend
amistad (f), friendship
amplio, -a, wide; full, roomy
ancho,-a, wide
andar, to walk; to ride; to go
andino, -a, of the Andes (mountains)
ángel (m) angel
ángel de la guarda, guardian angel

angosto,-a, narrow

ángulo, angle

anillo, ring

anillo de compromiso, engagement ring

anoche, last night

anónimo,-a, anonymous

anteayer, the day before yesterday

antigüedad (f), antiquity; antique

antiguo, -a, antique, old

Antillas Mayores, Greater Antilles

antiséptico, antiseptic

año, year

año pasado, last year

anteojos (m, pl), (eye)glasses

anual, annual

anunciar, announce

apagar, to turn off

aparato, appliance; device; fixture

aparecer [zc], to appear

apariencia, appearance

apartamento, apartment (**departamento** in México)

apellidarse…, to have … as a last name

apellido, surname, last name

apenado, -a, embarrassed, grieved

apetito, appetite

aplaudir, to applaud

aplauso, applause

aplicado, -a, studious; industrious

aplicar, to apply

apoderarse, to overpower

apogeo, peak, height (of fame, power)

apreciar, to appreciate, to value

aprender, to learn

apretado, -a, tight, close

aprobación (f), approval

aprobar [ue], to approve; to pass (a test)

apropiado,-a, appropriate

apurarse, to be in a hurry

aquel, that (over there)

aquél, that one (over there)

aquí, here

Arango, Doroteo (Pancho Villa), (1878-1923) Mexican general

árbol (m), tree

árbol navideño, Christmas tree

arboleda, grove of trees

arco, arch

arco iris, rainbow

aretes (m), earrings

argentino,-a, Argentine, Argentinian

armario, closet

armonía, harmony

arpa (f), harp

arqueólogo,-a, archeologist

arquitecto, architect

arquitectónico,-a, architectural

arquitectura, architecture

artículo, article

artista, (m/f), artist

arreglar, to arrange, to regulate

arrodillarse, to kneel

arroyo, brook; gutter, stream

arroz (m), rice

arroz con pollo, chicken with rice

arrugar (se), to wrinkle

arzobispo, archbishop

ascenso, ascent; rise

ascensor (m) elevator

asiento, seat

asignatura, school course, subject

asistir a …, to attend…

asombrar, to astonish, astound

aspiradora, vacuum cleaner, sweeper

asunto (m), affair

asustar, to frighten, startle

atacar, to attack

Atahualpa (1710-1756), Peruvian Indian chief

ataque cardíaco, heart attack

atentado, aggression

atentamente, sincerely

Atlántico, Atlantic (Ocean)

atlas (m), atlas

atraso, delay, slowness; under development

atravesar [ie], to cross

atribuir [y], to attribute

audiencia, audience; hearing

auditorio, auditorium

aula, classroom

aumentar, to augment, increase

aumento, increase

ausencia, absence

ausente, absent

autobús (m), bus

automóvil (m), automobile

autopista, freeway

autor,-a, author

auxilio, help, assistance

primeros auxilios, first aid

avanzar, to advance

avenida, avenue

averiguar, to find out

avisar, to notify, advise

aviso, notice; warning

ayer, yesterday

ayuda, help, aid

ayudar, to help, to aid

azúcar (m), sugar

azufre (m), sulphur

azul, blue

B

bailar, to dance

bailarín,-ina, dancer

baile (m), dance

bajar, to lower

bajar de peso, to lose weight, reduce

bajo, short; beneath

balar, to bleat

Balboa, Vasco Núñez de (1475-1517), Spanish explorer

balcón (m), balcony

baloncesto, basketball

ballet folklórico, folkloric ballet

banco, bank; bench

bandeja, tray (*charola* in México)

banderillero, bullfighter on foot with darts

bando, faction, party

bañar (se), to bathe (oneself)

bañista (m/f), bather, swimmer

barato,-a, cheap, inexpensive

bárbaro, -a, barbarous, barbaric

barbero, barber

barco, boat, ship

barraca, hut, cabin

barrer, to sweep

barrio, neighborhood, district

bastante, enough, sufficient

basura, trash, garbage

Batalla de Lepanto (1571), Battle on the Gulf of Corinth

bebé (m), baby

beber, to drink

beca, scholarship

béisbol (m), baseball

belicoso,-a, belligerent

belleza, beauty

bello,-a, beautiful

bellas artes, fine arts

Benalcázar, Sebastián de (1480- 1551), a Spanish conqueror of Peru

beneficio, benefit, profit

Biblia, Bible

biblioteca, library

bibliotecario,-a, librarian

bicicleta, bicycle

bien, well

bienes raíces, real estate

bilingüe, bilingual

billete (m) ticket; bill (currency) (*boleto* in México)

biología, biology

blanco,-a, white

Blasco Ibáñez, Vicente (1867-1928), Spanish novelist

blusa, blouse
boca, mouth
boda, wedding
bodega, cellar, warehouse; grocery store
Bogotá, capital of Colombia
boleto, ticket (México)
bolígrafo, ball-point pen
boliviano,-a, Bolivian
bolsillo, pocket
bomba, bomb; pump
bombero, firefighter
bombones, chocolates, candy
bondadoso, -a, good, kind
bonito,-a, pretty
borrador (m), eraser; first draft
borrar, to erase
bostezar, to yawn
botiquín (m) **de emergencia**, first aid kit
botín (m), button
boxeo, boxing
Brasil, Brazil
brasileño,-a, Brazilian
breve, brief, short
  en breve, in short; soon
brillante, brilliant
brincar, to jump, skip
brindis (m) toast (as with wine)
bromear, to joke
bruja, witch
brujo, sorcerer
buen (o), -a, good
Buenos Aires, capital of Argentina
bufanda, scarf
bujías, spark plugs
búho (m) owl
bulevar (m) boulevard
burlón, -ona, fond of pranks
buscapalabras (m), word-search puzzle
buscar, to look for, to search (for)
buzón (m), mail box
  echar al buzón, to mail

cabalgar, to ride (a horse)
caballo, horse
cabecera, head (table or bed)
cabeza, head
Cabeza de Vaca, Álvar Núñez (1500-1560), Spanish explorer
cable (m) cable; rope, line
cacahuate/cacahuete (m), peanut
cacique (m), Indian chief
cada, each
  cada vez, each (every) time

caer, to fall
  caerse, to fall down
  dejar caer, to drop, let drop
café (m) coffee; coffee shop
cajetilla, small box, pack (of cigarettes)
calculadora, calculator
cálculo, calculus; calculation
Calderón de la Barca, Pedro (1600-1681), Spanish dramatist
calendario, calendar
calentar [ie], to heat, warm up
cálido, -a, warm; hot
caliente, hot
calificar, to qualify
  calificar papeles, to grade papers
caló (m), Gypsy dialect; jargon
calor (m) heat; warmth
  tener calor, to be hot
calle (f), street
cama, bed
cámara, camera: chamber
camarero,-era, waiter/waitress
cambiar, to change, to exchange
  cambiar un cheque, to cash a check
cambio, change (money)
  en cambio, on the other hand
camelia, camellia
camello, camel
caminar, to travel, to walk
camino, road
camión (m), truck
camioneta, station wagon
camisa, shirt
campana, bell
campeón,-ona, champion
campo, field, country; camp
Canadá (m), Canada
canasta, basket
cancelar, to cancel
canción , song
cancionero, -a, collection of songs
candidato,-a, candidate
canela, cinnamon
canoa, canoe
cansado,-a tired
cansarse, to grow tired
cantante (m/f), singer
cantar, to sing
cántaro, pitcher, vessel, jug
  llover a cántaros, to rain cats and dogs
Cantinflas (Mario Moreno) (1911-1993), Mexican comic actor
cantor (m), singer
cañón (m), cannon; canyon
capaz, capable

capital capital (city); funds
capitán (m) captain
capítulo, chapter
captura, capture, seizure
carabela, caravela, old sailing ship
características, characteristics
Caracas, capital of Venezuela
carcajadas, loud laughs
  echarse a carcajadas, to burst out laughing
cárcel jail, prison
carecer [zc], to lack
cari (m), curry
caribe, of or from the Caribbean
caricatura, cartoon, caricature
cariñoso,-a, affectionate
carne (f), meat, flesh
carnicero, butcher
caro, -a, dear; expensive
carpintería, carpentry
carpintero, carpenter
carta, letter
cartera, wallet, billfold; briefcase; handbag
cartero, letter-carrier
carrera, career; race
carretera, highway
casa, house
casarse, to get married
casi, almost
caso, case; event, occurrence
  hacer caso (de), to pay attention (to)
castellano,-a, Castilian
castigar, to punish
catalán,-ana, from Cataluña, Spain; also language of the region
catarro, head cold
catástrofe , catastrophe
catedral (f), cathedral
católico,-a, Catholic
catorce, fourteen
cautela, caution
cazador (m), hunter
cazar, to hunt
cebada, barley
celebración , celebration
célebre, famous, noted
celos, jealousy
  tener celos, to be jealous
celoso,-a, jealous
cenar, to eat dinner, dine
centeno, rye
centroamericano, -a, Central- American
cepillar(se), to brush
cerca, fence, hedge
cerca (de), near, close by

cercano,-a near
cereza, cherry
Cervantes: Miguel de Cervantes
  Saavedra (1547-1616), Spanish author
cerrajero, locksmith
cerrar [ie], to close, shut
cerrar con llave, to lock
césped (m), grass, lawn, (*zacate* [m] in
  México)
cesta, basket
ceviche, appetizer of raw fish marinated
  (in lemon juice)
chachachá (m), chachacha (dance)
chaqueta, jacket
charca, pond, pool
charreada, Mexican display of
  horsemanship
charro, Mexican horseman; dancer of
  jarabe tapatío
cheque (m), check
  cheque de viajero, traveler's check
chica, girl
chico, boy
chico, -a, small,
chícharos, dried peas (México)
chileno,-a, Chilean
chimpancé (m), chimpanzee
china poblana, Mexican national
  costume; female dancer of the *jarabe
  tapatío*
chino,-a, Chinese
chismear, to gossip
chiste (m), joke
chistoso, -a, funny, amusing
chocar (con), to crash (into)
chocolate (m), chocolate
chofer (m), driver
chuleta de cerdo, pork chop
churrigueresco, -a, Churrigueresque
  (ornate architectural style)
cicatriz (f), scar
cicatrizar, to heal
cielo, sky
cien, (one) hundred
ciencia, science
científico,-a, scientific
cierto, -a, certain; true
cigarrillos, cigarettes, (*cigarros* in México)
cilantro, coriander
cilindro, cylinder
cima, summit, top
cinc (m), zinc
cinco, five
cincuenta, fifty
cine (m), movie (theater), motion picture

cinematografía, cinematography
cinturón (m), belt
circo, circus
círculo, circle; club
circunstancia, circumstance
cirquero, circus performer
ciruela, plum
cirujano, surgeon
cita, date, appointment
ciudad, city
civilización , civilization
claro, -a, clear, light; of course!
clase (f), class
clásico,-a, classical
clavado, dive (in swimming)
clavel (m), carnation
clavo, nail (carpentry);
 clove (spice)
claxon (m), automobile horn
clérigo, clergyman
clima (m), climate
club (m), club
cobrar, to charge (money), to
  collect (a bill)
cobre (m), copper
cocer [ue], to cook, boil
cocina, kitchen, cuisine
cocinero,-a, cook
coche (m), automobile, car; baby carriage
cochecito, small car; baby carriage
cohete (m), skyrocket; firecracker
col (m), cabbage
cola, tail; glue
colección (f), collection
coleccionar, to collect
colesterol (m), cholesterol
colina, hill
colombiano,-a, Colombian
colorado, -a, red; red-faced, blushing
combate (m), combat
comedia, comedy; stage play (Spain)
comentario, commentary
cometer, to commit
cómico, -a, comic(al), funny; comedian
comida, meal; dinner, banquet
comienzo, beginning
como, as, since, because
como, cómo, how
cómodo,-a, comfortable
compañero, -a, companion, pal;
  associate, colleague
compasión , compassion, pity
competencia, competition
competir [i], to compete
complacer [y], to please; to accommodate

completar, to complete
cómplice (m/f), accomplice
componer, to compose
componerse (de), to be made of
composición (f), composition
compositor (m), composer
comprador (m), buyer, shopper
comprar, to buy, to purchase
comprender, to understand; to comprise
computadora, computer
comunicar, to communicate
comunidad , community
con, with
  con ganas, willingly, eagerly
concierto, concert
concluir (y), to conclude
concurso, contest; race, competition
condecorar, to decorate, award (medal,
  honor, etc.)
condición (f), condition
condimentos, seasonings
conducir [zc], to conduct, to drive
conducta, conduct, behavior
conejo, rabbit
confianza, confidence, trust; informality
conjunto, group; rock group
conmigo, with me
conocer [zc], to be acquainted with
conocido,-a, well-known, distinguished
conquistador (m), conqueror
conseguir [i], to get, obtain
consejo, advice, counsel
considerar, to consider
consiguiente, consequent
  por consiguiente,
  consequently
constar (de), to consist (of)
construcción (f), construction
construir [y], to construct
consulado, consulate
contar [ue], to count; to tell
contador, -ora, accountant; meter (gas,
  water)
contagio, contagion, infection
contener [ie], to contain
contento, -a, gay, joyful; satisfied
contestar, to answer
contienda, struggle, contest
contigo, with you (informal)
contraer matrimonio, to marry, get
  married
contratar, to contract, to hire
conversar, to converse, chat
convertir (se) [ie], to change, convert
cooperar, to cooperate

cooperativo,-a, cooperative
copiar, to copy
copista (m/f), copyist, copier
copla, verse; popular ballad
corbata, necktie
corcho, cork
cordial, friendly, pleasant
cordillera, mountain range
coro, chorus, choir
coronel (m), colonel
cortar, to cut; to sever
cortarse el pelo, to get a haircut
corte (f), court
Cortés, Hernán (1485- 1547),
   Spanish explorer/conqueror of
   México
cortés, courteous, polite
cortina, curtain
correcto,-a, correct
corregir [i], to correct
correo, mail
   (por) correo aéreo, (by) air mail
correr, to run
corrida de toros, bullfight
costo (de la vida), cost (of living)
corriente, current; common
coser, to sew
costarricense (m/f), Costa Rican
costumbre (f), custom, habit
cotidiano,-a, daily
crecer [zc], to grow; to increase
creciente, increasing, growing
criada, maid, servant
crímen (m) crime
criollo,-a, Creole
cristal (m), (pane of) glass
Cristóbal Colón, Christopher Columbus
criticar, to criticize
crucigrama (m), crossword puzzle
crudeza, rawness; roughness
cruzar, to cross
Cruz Roja, the Red Cross
cuaderno, notebook
cuadro, picture, painting
cual, which (one)
cualquiera, whichever
cuando, when
   de vez en cuando, from time to time
cuantioso, abundant, substantial
cuarto, room; (one) fourth
   cuarto de baño, bathroom
cuates, twins; pal (Mexico only)
cuatro, four
cubano,-a, Cuban
cubeta, pail, bucket

cubierta, covering; bedspread; ship deck;
   book jacket
cubierto, place setting; past participle of
   cubrir
cubito de hielo, ice cube
cubrir, to cover
cuchara, spoon
cuchillo, knife
cuenta, account, bill
cuerpo, body
cueva, cave
¡Cuidado!, (Be) careful!
cuidadoso,-a careful
culpable, guilty
cultivar, to cultivate, grow
cultivo, cultivation, crop
cumbre (f), top, summit
cumpleaños, birthday
cumplir, to fulfill; to comply
   cumplir años, to have a birthday
cuñada, sister-in-law
cuñado, brother-in-law
curiosidad (f), curiosity
curso, course
cuyo,-a, whose

daltonismo, color-blindness
damas, ladies; **damas chinas**, Chinese
   checkers
danza, dance
daño, harm, damage, injury
dar, to give
   dar cuerda, to wind (as a watch)
   dar gracias, to thank, express gratitude
   dar risa, to be laughable
dátil, (m) date (fruit)
dato, fact
de, of, from
   de una u otra, from (of) one or the
   other
debajo (de), under
deber, to owe; should
debido a, owing to, due to
débil, weak
decaer, decline, depress
decisión (f), decision
declamar, to declaim, to recite poetry
decorar, to decorate, trim, adorn
dedicar, to dedicate
dedo, finger
   dedo pulgar, thumb
deducir [zc], to deduce; to deduct
defender (se) [ie], to defend (oneself)

dejar, to leave, to let
dejar de, to stop (doing)
del, of the [de + el]
delantal (m), apron
deleitar, to delight; to amuse
deletreo, spelling
delito, crime, offense
demás: los demás, the rest, the others
demasiado, -a, too much (pl), too many
demostrar [ue], to demonstrate
dentadura, denture; set of teeth
dentista (m/f), dentist
dentro (de), inside
depender (de), to depend (on)
dependiente (m/f), store clerk
deporte (m), sport
deporte acuático, water sport
derecha, right (hand, direction)
   a la derecha to the right
derribar, to knock down, overthrow
desafortunado,-a, unfortunate, unlucky
desagradar, to displease
desaguar, to drain, empty
desaparecer [zc], to disappear
desastre (m), disaster
desayunar (se), to eat breakfast
descansar, to rest
descanso, rest
desconocer (zc), to not know, be
   ignorant of
describir, to describe
descubrir, to discover
descubridor, discoverer
descubrimiento, discovery
desde, since, from
   desde hace … años, … years ago
desdichado,-a, unhappy
desear, to want, to desire
desembarcar, to disembark, to land
desembocar, to flow into
desesperado,-a, desperate
desfilar, to parade, to march
desfile (m), parade
desgraciadamente, unfortunately
desgraciado,-a, unfortunate
desierto, desert
desnudo,-a, naked
desnudarse, to get undressed
despachar, to send, dispatch
despedida, farewell
despedida de soltera, bridal shower
despedirse [i] **(de)**, to say goodbye (to)
despegar, to take off (aircraft)
despensa, pantry, larder
despertador (m), alarm clock

despertar (se) [ie], to wake up

después, after(wards)

destacar, to stand out; emphasize

destreza, skill

destruir [y], to destroy

detalle (m), detail

detenidamente, carefully

deuda, debt

devolver [ue], to return (something)

devuelto, returned, sent back (from *devolver*)

día (m), day

  de día, by day, in the daytime

  Día de los Inocentes, April Fool's Day (held December 28)

  Día de los Muertos, Halloween (Mexico only)

diamante (m), diamond

diariamente, daily

diapositiva, slide

Diario, daily; Daily, popular name for newspapers

dibujante (m/f), draftsman, designer, cartoonist

dibujar, to draw

diccionario, dictionary

diciembre, December

dicho, saying; **-a**, a forementioned (from verb *decir*)

dichoso, -a, happy; fortunate

dictador (m), dictator

dictar, to dictate

dieciséis, sixteen

diez, ten

difícil, difficult

dificultad (f), difficult

digno, -a, worthy; dignified

diligente, diligent; industrious

dineral (m), fortune, a lot of money (colloq.)

dinero, money

dinosaurio, dinosaur

director, -a, director, principal

disco, (phonograph) record, disc

disco compacto, compact disc

disculpa, excuse

disculpar, to excuse

discurso, discourse, speech

discusión (f), argument, discussion

discutir, to discuss; to argue

disfraz (m), costume, disguise

disgustar, to displease, to be displeasing

dislocar, to dislocate, sprain

Disneylandia, Disneyland

disparate (m), nonsense, big mistake

disponible, available

distinguir, to distinguish

distraído,-a, distracted

distribuir [y], to distribute

divertido,-a, fun

divertir [ie], to amuse

divertirse [ie], to have a good time

dividir, to divide

doblar, to double; to fold

doce, twelve

doctor,-ora, doctor

dólar (m), dollar

doler [ue], to hurt, ache, feel pain

dolor (m), pain

doméstico, -a, tame; domestic

domingo, Sunday

domingo de Pascua, Easter Sunday

don, mister (with first name)

donde, dónde, where,

dondequiera, wherever

Don Juan Tenorio, a popular Spanish drama

dormir [ue], to sleep

dos, two

dos veces, twice

dosis , dose

drama (m), drama

dramático,-a, dramatic

dramaturgo, dramatist

duda, doubt

  sin duda, without a doubt

dudoso, -a, doubtful, dubious

dueño, -a, owner, boss

duo, duet,

dulce, sweet; dessert

duplicar, to dliplicate, double

durante, during

duro, -a, hard, difficult

E

e, and (before [i] sound)

económico,-a, economical

echar, to throw, to toss, put out

  echar de menos, to miss (someone or something)

echarse a reír, to burst out laughing

edad, age; **¿Qué edad tienes?** How old are you?

  Edad Media, Middle Ages

edificio, building

Edison, Thomas Alva (1847- 1931), American inventor

educado, -a, educated, refined

egipcio,-a, Egyptian

Egipto, Egypt

ejercicio, exercise

el, the (masculine)

él, he

electricidad (f) electricity

eléctrico,-a, electric

elefante (m) elephant

eliminar, to eliminate

elogiado,-a praised

ella, she

ellas, they (feminine)

ellos, they

embarcarse, to board (as a ship)

emergencia, emergency

emocionado, -a, moved; thrilled

empaquetar, to pack(age)

empeño, determination, tenacity

  casa de empeño, pawnshop

empeorar, to make worse, worsen

emperador (m), emperor

empezar [ie], to begin, start

en, in, on

  en aquel entonces, at that time, in those days

  en cambio, on the other hand

  en cuanto a …, as for …

  en ninguna parte, nowhere

  en punto, on the dot (time),

  en seguida, right away

  en voz alta, aloud, in a loud voice

enamorarse (de), to fall in love (with)

encantado,-a, charmed, enchanted, delighted

encantar, to enchant, to charm

encanto, charm, enchantment

encargarse de, to take charge of

encogerse de hombros, to shrug one's shoulders

encontrar [ue], to meet, to encounter; to find

enero, January

enfadarse, to become angry

enfermera,-o, nurse

enfermo, -a, sick, ill; sick person

enfriar, to chill, make cold

engordar, to grow fat, to gain weight

enloquecer [zc], to drive crazy

enloquecerse [zc], to go crazy

enojado,-a, angry

enojar, to anger

enojarse, to become angry

enorme, enormous

ensalada, salad

  ensalada de papas, potato salad

ensayista (m/f) essayist
ensayo, essay; rehearsal
escocés, -esa, Scottish, Scotch
enseñar, to teach; to show
ensuciarse, to soil, to get dirty
entero,-a, entire
entrar, to enter
entre, between
entregar, to deliver; to surrender
entrenador, -ora, coach, trainer
entrenamiento, training, coaching
entrenar, to train, to coach
entrevista, interview
entusiasmo, enthusiasm
envidiar, to envy, to be envious
epistolar, in the form of letters or epistles
época, period (of time), epoch
equipaje (m) luggage
equipo, team (sports); equipment
equivocación (f) error, mistake
equivocarse, to be wrong
error (m) error, mistake
escala, port of call, stopover
  hacer escala, to make a stop, lay over (in travel)
escaleras, stairs
escena, scene
esclavo,-a, slave
escoger, to choose
escolar, pertaining to school
esconder, to hide, conceal
escopeta, shotgun
escribir, to write
  escribir a máquina, to type(write)
escrito, -a, written; past participle of
  escribir
espacio, space
especializarse, to specialize
escritorio, desk
escuchar, to listen
escuela, school
esculpir, to sculpt
espacio, space
España, Spain
español,-ola, Spanish
espantar, to frighten
espanto, fear, fright
espantoso,-a, frightening
especialidad (f), specialty,
especializar, to specialize
espejo, mirror
esperar, to wait (for)
espía, spy
espinacas, spinach
esposa, wife

esposo, husband
esposos, husband and wife
esquiar, to ski
estable, stable, steadfast, firm
establecer [zc], to establish
estación (f), season (of year);station
estado, state
Estados Unidos, United States
estallar, to burst, explode, erupt
estante (m), (book)shelf
estaño, tin
estar, to be
  estar de acuerdo, to agree
  estar de vuelta, to be on the way back
  estar enfermo, -a, to be sick
estatal, pertaining to the state
estatua, statue
este, esta, esto, this
éste, ésta, this one
estilo, style
estómago, stomach
estornudar, to sneeze
estrecho, -a, narrow; strait (geography)
estrella, star
estudiante (m/f), student, pupil
estudiar, to study
estudioso, -a, studious; (m/f) scholar
estufa, stove
Europa, Europe
europeo,-a, European
evitar, to avoid, to evade
examen (m), exam, examination, test
excelente, excellent
excluir [y], to exclude
excursión , excursion, hike, trip
exhibición , exhibit
éxito, success
  tener éxito, to be successful
explicación (f), explanation
explicar, to explain
exportación (f), export
exposición , exhibition
expulsar, to expel
extranjero,-a, foreigner
extrañar, to seem strange; to miss, pine for
extraño,-a, strange
extraviado, -a, lost, missing

fábrica, factory
fácil, easy
facultad (f) **de medicina**, college of medicine,"med school"
fachada, façade
faja, strip, band, sash
falda, skirt; foothill
falta, lack (of); fault; error
faltar, to lack; to be missing
  faltar a clase, to be absent from class, "cut class"
fama, fame, reputation
familia, family
familiar, close relative; familiar
famoso,-a, famous
fantasma (m), ghost, phantom
fascinar, to fascinate
favorito,-a, favorite
fecundo,-a, fertile
fecha, date
felicitar, to congratulate
feliz, happy
femenino,-a, feminine
fenicio,-a, Phoenician
feo,-a, ugly
feria, fair, bazaar
feroz, ferocious, wild
ferviente, fervent, ardent
ferroviario, -a, pertaining to railroads, railway
fiebre (f), fever
fiel, faithful
fiesta, party, festival
filósofo, philosopher
filtrado,-a, filtered
finca, country estate, farm
fila, row, line
fin (m), end;
  a fines de, at the end of (date)
fingir, to feign, pretend
Finlandia, Finland
fino, -a, fine, good
firmar, to sign
físico,-a, physical
flaco,-a, thin
flamenco, pertaining to Spanish gypsies (music, dance)
flecha, arrow
flor (f), flower
florecer [zc], to flower, bloom, flourish
florero, vase
flota, fleet
fluir [y], to flow

folklórico,-a, folkloric
fomentar, to encourage, promote
fonógrafo, phonograph, record player
fondos, funds
forma, form; shape
formal, formal; reliable
formar, to form; to shape
forzado, -a, forced; strained
foto (f) photo
fotografia, photograph
fracasar, to fail, be unsuccessful
fracaso, failure
fragancia, fragrance
fragua, melting furnace
frambuesa, raspberry
francés,-esa, French
Francia, France
frase (f) sentence, phrase
frecuencia, frequency
  con frecuencia, frequently
frecuente, frequent
fregar [ie], to scrub, wash (dishes)
frenos, brakes
frente (f) , forehead
frente (m), front
  en frente de, in front of
fresco, -a, fresh, cool; cheeky, brazen
frío,-a, cold
  tener frío, to feel cold
frito,-a, fried
fruta, fruit
fuego, fire; light (flame)
  fuegos artificiales, fireworks
fuente (m), fountain; source; platter
  pluma de fuente, fountain pen
fuerte (m), fort, strong
fumador,-a, smoker
fumar, to smoke
fundador,-a, founder
fútbol (m), football
futbolista (m/f), football player
fusilar, to shoot, execute

gabinete (m), cabinet; office
galardón (m), reward, prize
gallego,-a, Galician
galleta, cracker, cookie
gallina, hen
ganancia, earning, profit, gain
ganar, to gain, to earn; to win
ganarse la vida, to earn a living
ganas: tener ganas de …, to feel like…
gancho, hook; hairpin; lure

garaje (m), garage
garantizar, to guarantee
garganta, throat; gorge, ravine
gastador,-a, spender, spendthrift
gastar, to spend
gastos, expenditures, outlay
gato, -a, cat; (m) jack (lifting tool)
gaviota, (sea)gull
gelatina, gelatin
gemelos, -as, twins; (m), binoculars; cuff
  links
género, kind, class
generosidad (f), generosity
gente (f), people
geografía, geography
gerente, manager, director
gimnasia, gymnastics
ginebra, gin; **Ginebra,** Geneva, city in
  Switzerland
gitano,-a, gypsy
glándula, gland
gobernador,-ora, governor
gobierno, government
golondrina, swallow
gordo, -a, fat; (m/f), fat person
grabado, -a, recorded (as on tape)
grabar, to engrave; to record (as on tape)
gracioso, -a, funny; graceful
graduado, -a, graduate, graduated
graduarse, to graduate
gramática, grammar
gran, great, large (before a noun)
grande, large, great
grato, -a, pleasant, pleasing
gratis, free
griego,-a, Greek
grifo, faucet
gripe (f), flu, influenza
gris, gray
gritar, to shout
grito, shout, cry
grúa, derrick; tow truck
grueso, -a, thick; fat
grupo, group
guantes (m), gloves
guapo, -a, handsome; bold, brave
guardar, to save, to keep, to guard
  guardar cama, to stay in bed
  gubernativo, -a, pertaining to the
  government
guerra, war
  Guerra Civil, Civil War
guerrillero,-a, guerrilla
guisantes (m), peas
guitarra, guitar

gusano, worm
gustar, to be pleasing, to please, delight

habitación (f), room, bedroom
habitante (m/f), inhabitant
hábito, habit, custom
hablador,-a, talkative
hablar, to speak
hacendado, landowner; rancher
hacer, to make, to do
  hacer caso, to pay attention
  hacer escala, to have a stop- over or lay-
  over (in travel)
hacia, toward
hacienda, (country) estate, ranch
hacha, hatchet
hada, fairy
halagar, to please, flatter
hallar (se), to find; to be located
hamaca, hammock
hambre (m), hunger
hambriento,-a, hungry
haragón, -ona, idler, loafer
hasta, until
hay, there is, there are
hazaña, feat, exploit, deed
hecho, fact; past participle of *hacer*
hegemonía, leadership, national
  dominance
helado, ice cream
helicóptero, helicopter
heredar, to inherit
heredero,-era, heir(ess)
hermana, sister
hermano, brother
hermoso,-a, beautiful
héroe (m), hero
heroína (f), heroine
hiedra/yedra, ivy
higiene (f), hygiene
hija, daughter; dear girl
hijastro, step-son
hijo, son; dear boy
hilo, thread
hipnotizar, to hypnotize
hipódromo, race track
hispanoamericano, -a, relative to a part
  of America where Spanish is spoken
hispanoparlante (m/f), Spanish speaker
historia, history, story
historiador,-a, historian
histórico, -a, historic, historical
hogar (m), home

hogareño, -a, homey, pertaining to the home
hoja, leaf; sheet (of paper)
hojalata, tin(plate)
holandés,-esa, Dutch
holgazón, -ana, lazy (person)
hombre (m), man
hombro, shoulder
  encogerse de hombros, to shrug one's shoulders
honesto, -a, honest, upright
honor (m), honor
honradez, honesty
honrado, -a, honest, trustworthy
hora, hour
hormigón (m), concrete
horno, oven
hospital (m), hospital
hotel (m), hotel
hoy, today
  hoy día, nowadays, these days
hubo, there was, there were
huelga, labor strike
huerta/huerto, garden, orchard
hueso, bone
huevos, eggs
  huevos rancheros, fried eggs with tortilla and chile sauce
huir [y], to flee
humorístico, -a, humorous, funny
hundirse, to sink

 I

ibérico,-a, Iberian
iberoamericano, -a, related to the Iberian Peninsula and America; speaker of American, Spanish or Portuguese
idéntico,-a, identical
idioma (m), language
iglesia, church
imitar, to imitate
impermeable (m), raincoat
imponente, imposing, impressive, stately
imponer, to impose
importancia, importance
importante, important
importar, to be important; to import (from abroad)
impresionar, to impress
imprimir, to print
inaugurar, to inaugurate
incluir [y], to include
incorrecto,-a, incorrect
increíble, incredible
indeseable, undesirable

indio,-a, Indian
industrializar, to industrialize
infancia, infancy
influenza, influenza, flu
influir [y], to influence
informado,-a, informed
informe (m), report
ingeniero,-a, engineer
Inglaterra, England
inglés,-esa, English
ingrediente (m), ingredient
inmigración (f), immigration
inocencia, innocence
inocente, innocent
inolvidable, unforgettable
inquilino, -a, tenant, lessee
inspeccionar, to inspect
inspirar, to inspire
instrucción, instruction
instruir [y], to instruct
insuficiente, insufficient
insufrible, unbearable
inteligente, intelligent
intentar, to attempt, try
interés (m), interest
interesante, interesting
interesar, to interest
intérprete (m/f) interpreter
interrogar, to interrogate
interrumpido,-a, interrupted
interrumpir, to interrupt
invención (f) invention
invento, invention
inventor (m), inventor
invierno, winter
inversión (f), investment
invertir [i], to invest; to invert
investigar, to investigate
ir, to go
irse, to leave
Irlanda, Ireland
Isabel, Elizabeth
isla, island
istmo, isthmus
Italia, Italy
italiano,-a, Italian
izquierda, left

 J

jaialai (m), Basque ball game
jaleo, spree, racket, fuss
jamás, never
Japón, Japan
japonés,-esa, Japanese
jarabe tapatío, Mexican Hat Dance

jardín (m), garden
jardinero, gardener
jaula, cage
jefatura, leadership; headquarters
jinete (m/f), rider, horseman
jirafa, giraffe
jota, Spanish dance; letter [j]
joven (m/f), young, young person
joya, jewel
joyería, jewelry
joyero, jeweler
jubilarse, to retire (from working)
juego, game
juez (m), judge
jugada, play (sports)
jugador (m) player; gambler
juglar (m), minstrel
jugo, juice
juguete (m) toy
juguetón,-ona, playful
julio, July
junio, June
junto a, next to
juntos, together
juventud (f) youth

 K

kilo, kilogram
kilómetro (cuadrado), (square) kilometer

 L

la, the (fem. article); you, her, it (pronoun)
La Habana, Havana (Cuba)
labio, lip
laboratorio, laboratory
labrado, carved; wrought
labriego, -a, farmhand, peasant
ladrar, to bark
ladrón,-ona, thief
lago, lake
lámpara, lamp
lana, wool
lanzador (m), pitcher (baseball)
lanzar, to throw, fling, pitch, hurl
La Paz, seat of government of Bolivia
lápiz (m), pencil
largo,-a, long
las, the (fem. article); you, them (pronoun)
lastimado, -a, injured, hurt
lastimar, to injure, hurt
lastimarse, to get hurt
latino, -a, Latin; (person) who speaks a Romance language
lavado,-a, washed

lavadora, washing machine (clothes or dishes)
lavandera, laundress
lavar, to wash
lazar, to lasso, rope
Lazarillo de Tormes, anonymous Spanish picaresque novel
lealta , loyalty
lección (f) lesson
lectura, reading
leche (f), milk
leer, to read
legumbres (f), vegetables
lejos (de), far (from)
lengua, tongue; language
  lengua extranjera, foreign language
  lenguas romances, Romance languages
lentes (m), lenses, eyeglasses
lentitud (t) slowness
león,-ona, lion
Lepanto, Corinthian Gulf battle site where Cervantes was wounded (1571)
letra, letter (of alphabet); lyrics (of a song)
levantarse, to get up, to rise
ley (f), law
libertad (f) , liberty
libra, pound (measurement)
librería, bookstore
libro, book
licencia, license
liderato, leadership
lienzo de charreadas, field where charros perform
ligero, -a, light (in weight); swift
limón (m), lemon, lime (in Latin America and Spain)
limonada, lemonade
limpiar, to clean
limpio,-a, clean
lindo,-a, pretty
línea, line; stripe; queue
lío, mess, snarl
Lisboa, Lisbon (Portugal)
lista, list; menu
listo, -a, ready; clever
llamar, to call
llamarse, to be named
llano, plain
llano, -a, level, smooth, even
llanta, tire (vehicle)
llave (f), key (for locking); faucet
llegar, to arrive
llenar, to fill
lleno,-a, full
llevar, to carry

llover [ue], to rain
llover a cántaros, to rain cats and dogs
lluvia -as, rain
lluvioso, -a, rainy
lo, it
  lo opuesto, the opposite
lobo, wolf
localizar, to locate
Londres, London, capital of England
loción, lotion
lograr, to manage (to)
Lope de Vega, Félix (1562-1635), Spanish dramatist
loro, parrot
los, the (masc. article); you, them (pronouns)
lote (m), lot (plot of land)
  lote de estacionamiento, parking lot
lotería, lottery
loza, china, crockery
lucir [zc], to shine; to show off
lucha, struggle
luchar, to struggle, to fight, to wrestle
lugar (m), place
  tener lugar, to take place
lujoso,-a, luxurious
luna, moon
lunes (m), Monday
luto, mourning
  estar de luto, to be in mourning
luz , light
  luz eléctrica, electric light

macizo, -a, solid, pure (metals)
madera, wood, lumber
madre (f), mother
Madrid, capital of Spain
madrileño, -a, of or from Madrid
madrugada, dawn, daybreak
madrugar, to get up early
maestría, mastery; teacher's degree
maestro,-a, teacher
maíz, (m), corn
majadería, silliness
majestad (f), majesty
malagueño, -a, of or from Málaga (Spain)
maleta, suitcase
(La) Malinche or **Doña Marina,** Aztec woman interpreter and companion of Cortés
mamá, mother
mandar, to send
manecilla, hand (clock or watch)
manejar, to drive; to govern

manera, manner, means; method, mode
manganeso, manganese
manifestación, demonstration, rally
mano (f), hand
mantel (m), tablecloth
mantequilla, butter
manzana, apple
mañana, tomorrow
mapa (m), map
máquina, machine
  máquina de coser, sewing machine
  máquina de escribir, typewriter
mar (m), sea
margarina, margarine
mariachi (m), mariachi, Mexican musical group
marinero, sailor
mariscos, shellfish
martes (m), Tuesday
Martí, José, (1853- 1895), Cuban poet and liberator
martillo, hammer
marzo, March
Marruecos, Morocco
más, more
masa, dough
masculino,-a, masculine
masticar, to chew
matador (m), matador; killer
matar, to kill
matemáticas, mathematics
materia, (school) subject; material, stuff
matrimonio, marriage; married couple
maullar, meow (cat)
máximo,-a, maximum
mayo, May
mayor, older; larger; greater
mayoría, majority
me, directly or indirectly involving me
mecánico, mechanic
mecánico,-a, mechanical
medalla, medal
mediados: a mediados de, in the middle of (time)
medianoche (f), midnight
mediante, by means of
medicamento, medication
medicina, medicine
médico, physician, doctor
medio,-a, half
mediodía (m), noon
medir [i], to measure
mejor, better, best
mellizo,-a, twin
memorizar, to memorize

mencionar, to mention
menor, younger; smaller
   el menor, la menor, the youngest
menos, minus, less, least
mensaje (m), message
mentira, lie, falsehood
menudo, -a, tiny, very slim
   a menudo, often
menú (m), menu
mercado, market
mermelada, marmalade
mes (m), month
mesa, table
meseta, plateau
mestizo,-a, half-breed
meta, goal
mexicano,-a, Mexican
mezcla, mixture, blend
mezclar, to mix
mezquita, mosque
mi, my
mí, me (as object of prepositon)
microbio, microbe
miedo, fear
   tener miedo, to be afraid
miembro (m/f), member
mientras, while
miércoles (m), Wednesday
militar, military
millonario,-a, millionaire
mío,-a, mine
mirador (m), vantage-point, lookout
minuto, minute
mirar, to look (at)
Misisipi (m), Mississippi
mismo,-a, same
misterioso,-a, mysterious
mitad , half
Moctezuma, Aztec emperor
moda, style, fashion
modelo (m/f), model
mojarse, to get wet
mojado,-a, wet
moneda, coin
mono, -a, monkey; cute; pretty
monosilábico,-a, monosyllabic
montaña, mountain
Montañas Rocosas, Rocky Mountains
montar, to mount
   montar a caballo, to ride a horse
morder [ue], to bite
Morelos: José María Morelos y Pavón
   (1765-1815), Mexican general
moreno, -a, dark, brunet(te)

morir(se) [ue], to die
morisco,-a, Moorish
moro, -a, Moor; Moorish
mosca, housefly
mostrar, to show, demonstrate
motocicleta, motorcycle
motor (m), motor
muchacha, girl
muchacho, boy
mucho,-a, much
mudéjar, Moorish style of architecture
mudo,-a, unable to speak
mueble (m), furniture
mujer (f) woman
muelle (m), wharf, quay; spring (as in a
   watch)
muerto, -a, dead; past participle of **morir**
multa, fine
multar, to fine
mundial, worldwide
mundo, world
muñeca, doll; wrist
museo, museum
música, music
músico, musician
mulsulmán,-ana, Moslem
muy, very

nacer [zc], to be born
nación (f), nation
Naciones Unidas, United Nations
nada, nothing
nadador,-a, swimmer
nadar, to swim
nadie, nobody
naranja, orange
naranjada, orangeade
nariz (f), nose
natación (f), swimming
naufragio, shipwreck
navaja de afeitar, shaving razor
navegar, to navigate, to sail
Navidad (f), Christmas
navideño, -a, pertaining to Christmas
neblina, mist
necesidad (f), necessity
necesitar, to need
negar [ie], deny
negarse a [ie], to refuse to
negro,-a, black
nervioso,-a, nervous
netamente, purely, clearly

nevar [ie], to snow
ni, nor
   ni la mitad, not even half
nicaragüense, of or from Nicaragua
nieta, granddaughter
nieto, grandson
nietos, grandchildren
nieve (f), snow
ningún, -una, no, not one
ninguno,-a, none
niña, girl
niño, boy
nobleza, nobility; goodness
noche (f), evening, night
   de noche, in the evening, at night
   esta noche, tonight
Nochebuena, Christmas Eve
nombre (m), name, noun
nada, nothing
noreste, northeast
nos, directly or indirectly involving us;
   ourselves
nosotros, we, us
nosotras (f), we, us
nota, note; grade (school)
noticia, news item; notice
noventa, ninety
novio, -a, sweetheart; bridegroom; bride
núcleo, nucleus
nuestro,-a, our(s)
Nueva York, New York
nueve, nine
nuevecito, -a, brand new
nuevo,-a, new
Nueva Jersey, New Jersey
nuez (f), nut, walnut; Adam's apple
número, number
numeroso,-a, numerous
nunca, never
nutrición (f), nutrition
nutritivo,-a, nutritious

O

o, or
ó, or (between Arabic numerals, as in 2 ó 3)
obligado, -a, obliged, forced to
obra, work, work of art
ocasionar, to cause, produce
océano Pacífico, Pacific Ocean
ochenta, eighty
ocho, eight
octava, octave
octavo,-a, eighth

octubre, October
ocupado, -a, busy, occupied
ocurrir, to occur
odiar, to hate
oferta, offer; sale, bargain
ofrecer, to offer
oído, (inner) ear; heard (from oir)
ojalá, impersonal expletive to express
   hope or wish
ojo, eye
ola, wave
olimpiadas, olympics
olímpico,-a, olympic
olmeca, Olmec (Mexican Indian civilization)
olla, pot
once, eleven
onza, ounce
ópera, opera
opinión, opinion
oportunidad, opportunity
optómetra (m/f), optometrist
oración, sentence, phrase; prayer
ordenar, to order
oreja, (outer) ear
orgullo, pride
orgulloso, a, proud
oriente (m), Orient, east
origen (m), origin, source
orilla, shore, bank; edge
oro, gold
orquesta, orchestra
ortografía, spelling
oscuro,-a, dark
oso, bear
otoño, autumn
otra vez, again, another time
otro,-a, other, another

paciencia, patience
Pacífico, Pacific (Ocean)
padre (m), father
Padre Hidalgo, "Father of Mexican
   Independence" (1753-1811)
padres, parents (both mother and father)
paella, Spanish national dish (shellfish,
   chicken and rice)
pagar, to pay
página, page
país (m), country, nation
paisaje (m), landscape, countryside,
   scenery
pala, shovel
palabra, word
palacio, palace

Palacio de Bellas Artes, Palace of Fine Arts
paloma, dove
pampa, Argentine plain
pan (m), bread
panadería, bakery
panadero, baker
panameño,-a, Panamanian
panecillo, dinner roll, small loaf of bread
pantalla, movie screen
papa, potato (original Indian name)
papá, (m), papa, dad
papel (m), paper
paquete (m), package
par (m), pair
para, for; in order to
parecer [zc], to seem
parecerse [zc] (a), to resemble
pared (f), wall
pariente (m/f), relative (family)
parque (m), park
parte (f), part
  en ninguna parte, nowhere
participar, to participate
particular, private; personal
parrafo, paragraph
pasado manana, the day after tomorrow
pasajero,-a, passenger
pasaporte (m), passport
pasar, to pass, spend (time), to go
pasear, to walk, stroll
paseo, walk, stroll
  dar un paseo, to take a walk
  de paseo, strolling, out for a walk
  Paseo de la Reforma, major Mexico City
   boulevard
pastel (m), pie, pastry; cake
pasteurizar, to pasteurize
patata, potato (Spain)
patín (m), skate
patinar, to skate
pato,-a, duck
patrimonio, inheritance, heritage
patriótico,-a, patriotic
patrón, -ona, boss, employer; (m); pattern
pavo,-a, turkey
(guajolote/guajalote in México)
payaso, clown
paz (f), peace
peatín (m), pedestrian
pedazo, piece, fragment
pedir [i], to ask (for)
pegar, to hit, strike; to glue, stick
peinar (se), to comb (oneself)
pelear (se), to fight, to quarrel
película, film

peligro, danger
peligroso,-a, dangerous
pelota, ball
pelotero, ball player
peluquería, beauty salon, hairdresser's
   shop
pensar [ie] (en), to think (about)
peor, worse, worst
pequeño, -a, small, little
pera, pear (fruit)
perder [ie], to lose; to misplace
perderse [ie], to get lost
perdón, pardon
perecer [zc], to perish
peregrino,-a, pilgrim
perezoso,-a, lazy
perfeccionar, to improve
perfume (m), perfume
período, period
periódico, newspaper
periodista (m/f), reporter, journalist
permiso, permission
permanecer [zc], to remain, to stay
pero, but, yet
persa (m/f), Persian
perseguir [i], to persecute
persiana, louver door or window,
   Venetian blind
persona (f), person
pertenecer [zc], to belong
perteneciente a, belonging to, pertaining
   to
peruano,-a, Peruvian
perro,-a, dog
pesado,-a heavy
pesca, fishing; catch
pescado, fish (out of water)
pescador (m), fisherman
pescar, to fish
pesebre (m), manger, crib
peseta, monetary unit of Spain
peso, weight
peso, monetary unit of México, Bolivia,
   Colombia, Cuba, and Dominican Republic
pez (m), fish (alive)
pianista (m/f), pianist
piano, piano
piano de cola, grand piano
picador (m), mounted lancer in bullfight
Picasso, Pablo Ruiz (1881- 1973), Spanish
   painter
pie (m), foot; **a pie**, on foot
  de pie, standing
piedra, stone
pieza, piece, one of several parts

pillete (m), young rascal
pingüino, penguin
pintar, to paint
  pintarse, to apply makeup
pintor, -a, painter
pintoresco, -a, picturesque
pintura, painting; paint
pionero, -a, pioneer
pirámide, pyramid
pirata (m), pirate
Pirineos, Pyrenees Mountains
piscina, swimming pool
piso, floor
pista, track; runway
pista de hielo, ice rink
pizarra, chalk board
Pizarro, Francisco (1475- 1541), Spanish
  explorer of Perú
placer (m), pleasure
plan (m), plan
planchar, to iron, press
planear, to plan
plano, map, street map; plan of a building
planta, plant
  planta baja, ground floor
plantar, to plant
plata, silver
plátano, banana
plática, informal talk, chat
plato, plate, dish
playa, beach
plaza, square
plaza de toros, bullring
plenitud (f), fullness, abundance
plomero, plumber
plomo, lead (metal)
pluma, feather; pen
población population; town
poblado, town, village
pobre, poor
pobreza, poverty
poco, little (in amount)
  poco a poco, little by little
  poco, -a, little (in amount)
podio, podium
poesía, poetry
poeta (m/f), poet
policía (m), police officer
  policía (f), police force
político, -a, politician; political
pollito, chick
pollo, chicken
Ponce de León, Juan (1460- 1521),
  Spanish explorer
ponche (m), punch (beverage)

poner, to put, place
  poner atención, to pay attention
  ponerse, to put on (as clothing)
  ponerse a, to begin to
  ponerse, to become
por, by, for, through
  por consiguiente, consequently
  por lo visto, apparently
  por primera vez, for the first time
  por todas partes, everywhere
  por qué, why
porque, because
portafolio, portfolio
portarse, to behave
portugués,-esa, Portuguese
poseer, to possess
posguerra, postwar
posición (f), position
postre (m) dessert
práctica, practice
practicar, to practice
práctico,-a, practical
pradera, meadow, prairie
precaución (f), caution, precaution
precioso, -a, precious; beautiful
pregunta, question
preguntar, to ask (a question)
prender, to light, to turn on
preocuparse, to be concerned, worried
preparar, to prepare
  prepararse, to get ready
presentar, to present; to introduce
presentir, to have a foreboding, suspect
préstamo, loan
prestar, to lend
prevención (f), prevention
primavera, spring
primo,-a, cousin
primer(o),-a, first
primeros auxilios, first aid
primordial, basic, essential
princesa (f), princess
príncipe (m), prince
principios: a principios de, at the
  beginning of
problema (m), problem
producción (f), production
producir [zc], to produce
profesión (f), profession
profundo, -a, deep, profound
programa (m), program
prohibir, to prohibit
prometer, to promise
pronombre (m), pronoun
prontitud (f), promptness

pronto, soon; quickly
pronunciación , pronunciation
pronunciar, to pronounce
propina, tip (gratuity)
propio, -a, own, one's own
próspero,-a, prosperous
protección , protection
protector,-a, protective
proteger, to protect
provenzal, Provençal, language
proverbio (m), proverb
próximo, -a, next, near
psicólogo,-a, psychologist
publicar, to publish, publicize
pudín (m), pudding
pueblo, town; people
puente, bridge
puerta, door
puertorriqueño, -a, Puerto Rican
puesto, post, position (as in **pulmonía**,
  pneumonia
puño, fist; cuff
pupitre (m), desk (of a student)
purificar, to purify

que, that, which, than
qué, what
quedarse, to remain, to be left
quejarse, to complain
quejas, complaints
quemar, to burn
quemarse, to get burned
querer [ie], to want, to wish; to love
queso, cheese
quien, quién, who
quienquiera, whoever
quince, fifteen
quitar, to take away or off
quitarse, to remove, take off
Quito, capital of Ecuador
quizá, quizás, perhaps, maybe

rabo (m), tail
radicar (en), to live (in) (a town or city)
radio (m), radium, radius
  radio (f), radio)
rama, branch (of a tree)
ramo, bunch, bouquet; branch, field (of
  endeavor)
ranchero, -a, rancher, farmer; from the
  ranch
rápidamente, rapidly

rapidez, speed, rapidity
rápido, -a, rapid, fast
rascacielos (m), skyscraper
rasurador (m) razor
raza, race (of people)
razón (f), reason
  tener razón, to be right
realizar, to realize, make happen
rebelde (m/f), rebel
rebuznar, to bray
recado, message
receta, recipe
recibir, to receive
recién casados, newlyweds
recién llegado, newcomer
recién pintado, -a, just painted, "fresh paint"
recio, -a, strong, stout
recipiente (m), vessel
recoger, to gather
recomendar [ie], to recommend
recordar [ue], to recall, to remember
recreo, recreation, recess
recuerdo, memory; souvenir
red (f), net
redactor, -a, editor
redondo, -a, round, spherical
reducir [zc], to reduce
reemplazar [zc], to replace
referencia, reference
reformar, to reform; to renovate
refresco, refreshment
refrigerador (m), refrigerator
regadío, irrigation, irrigated land
regalo, gift, present
regar [ie], to water, irrigate
regatear, to haggle, to bargain
región (f), region, area
regla, rule; ruler
regresar, to go back
regular, to regulate
reina, queen
reinado, reign
reino, kingdom
reír(se), to laugh
  reírse de, to make fun of, laugh at
relámpago, lightning
relinchar, to neigh, whinny
reloj (m), clock, watch
relucir [zc], to shimmer, to sparkle
remar, to row
remediar, to remedy, repair
remendar [ie], to mend
remolcar [ue], to tow
renancimiento, Renaissance; rebirth

reparar, to repair
repartir, to distribute, divide, share
reportar, to report
reporte (m) report
República Dominicana, Dominican Republic
resbalar, to skid
resfriado, resfrío, cold, chill
residente (m/f), resident
resolver [ue], to resolve, solve
respaldar, to back, support
respeto, respect
responsabilidad (f), responsibility
respuesta, answer
restaurante (m), restaurant
retirarse, to retire, withdraw
retraso, delay
reunión meeting, gathering
revista, magazine
revolución (f) revolution
rezar, to pray
rico, -a, rich
riel (m), rail
riesgo, risk
rima, rhyme
rincón (m), corner, nook
río, river
risa, laughter
ritmo, rhythm
rizar, to curl
robar, to steal, to rob
robo, robbery, theft
rodeado, -a, surrounded
rodilla, knee
rojo, -a, red
Roma, Rome, capital of Italy
romance, coming from Latin (language)
romántico, -a, romantic
romper, to break
roncar, to snore
ropa, clothes, clothing
ropero, closet
roquero, -a, rock artist or musician
roto, -a, broken, torn
rubio, -a, blond(e)
ruido, noise
ruidoso, -a, noisy
rumbo a, in the direction of, headed toward
ruso, -a, Russian
ruta, route

S

sábado, Saturday
sábana, sheet (bedding)
sabana, savanna, treeless plain
saber, to know
sabor (m), flavor
sabroso, -a, flavorful, tasty
sacar, to take (out of)
  sacar fotos, to take photographs
sacerdote (m), priest
sacudir, to shake, to dust
sal, salt
sala, living room
salir, to leave, go out
salón (m), large room
salsa (f), sauce, (m) kind of dance
salto, leap
salud (f), health
saludar, to greet
salvavidas (m/f), life-preserver, lifeguard
samba, popular dance in Brazil
San Juan, capital of Puerto Rico
sanar, to cure, recover
Sancho Panza, servant to Don Quixote
sano, -a, healthy
saquear, to ransack, sack
sarampión (m), measles
sastre (m) tailor
sátira, satire
satisfacer, to satisfy
secadora, dryer (clothes, hair)
secar, to dry
sección (f), section
secretaria, secretary
segundo, -a, second
secundario, -a, secondary
sed (f), thirst
seda, silk
seguridad (f), security
seis, six
selección (f), selection
seleccionar, to select
selva, jungle
selvático, pertaining to wilderness or jungle
sembrar [ie], to sow, to plant
semejante, similar
semestre (m), semester
senador, -a, senator
sendero, path
sentado, -a, seated, sitting
señalar, to signal, point out
señor, (m), mister, sir; man
señora, Mrs.; woman; lady

señorita, miss; young woman; young lady
sentir(se) [ie], to feel
separar, to separate
septiembre (m), September
sequedad (f), dryness
sequía, dry spell, drought
serio,-a, serious
servilleta, napkin
serrucho, saw; kingfish
sesenta, sixty
setenta, seventy
seudónimo, pseudonym
si, if, whether
sí, yes
sidra, sparkling cider
siempre, always
siesta, nap, afternoon snooze
  dormir una siesta, to take a nap
siete, seven
siglo, century
  Siglo de Oro, Golden Age [of Spanish literature]
significar, to mean, to signify
sílaba, syllable
silla, chair, seat
sillón (m), easy chair, armchair
simpático, -a, nice, likable
sin, without
  sin duda, undoubtedly, without a doubt
sincero,-a, sincere
sinfónico,-a, symphonic
sino, but (used for contradicting)
sinónimo, synonym;**-a,** synonymous
síntoma (m), symptom
soberanía, sovereignty
sobre, over, above; (m) envelope
sobrepasar, to surpass
sobre todo, above all
sobretodo, overcoat
sobrio, -a, moderate, temperate, sober
sofá (m), sofa
solamente, only
soldado, soldier
solo,-a, alone
sólo, only (shortened form of *solamente*)
soltero,-a, unmarried
sombrero, hat
sombrilla, parasol, umbrella
sonrisa, smile
soñar [ue] (con), to dream (about)
sopa, soup
sordo,-a, deaf
sorprendente, surprising
sorprender, to surprise
sortija, ring; ringlet of hair, curl

sospecha, suspicion
sospechar, to suspect
sospechoso, -a, suspicious; suspect
sótano, cellar
Soto, Hernando de (1500-1542), Spanish explorer
su, his, her, your, their
subdirector, vice principal, assistant director
subir, to go up, ascend
suceder, to happen, occur; to succeed (a king)
suceso, event, happening
sucio,-a, dirty
Sudamérica, South America
sueco,-a, Swedish
suegra, mother-in-law
suegro, father-in-law
sueldo, salary
suelo, floor; soil
sueño, dream; sleep
  tener sueño, to be sleepy
suerte, luck
suéter (m), sweater
suficiente, sufficient, enough
sufrir, to suffer
Suiza, Switzerland
sumar, to add
suntuoso, -a, sumptuous, lavish
superficie (f), surface
supermercado, supermarket
suplir, to supplement; provide
sur (m), south
surgir, to arise, emerge, appear
sustantivo, substantive, noun or pronoun
susto, fright, scare
suyo, -a, his, hers, yours, theirs

tabaco, tobacco; cigar
tabla, board, plank
también, also, too
tampoco, neither
tan, so, as
tanto, -a, so much, as much
tantos, -as, so many, as many
tarde, late; (f) afternoon
tarea, task, assignment
tarjeta, card
tarjeta de crédito, credit card
taxi (m), taxi
taxista (m/f), taxi driver
taza, cup
te, to you

té (m), tea
teatro, theater
técnico, -a, technical; (m/f) technician
tela, cloth, fabric
telefonear, to telephone
telefónico, pertaining to telephones
teléfono, telephone
telegrama (m), telegram
teleguía, TV program guide
televisión (f), television
televisor (m), televison set
tema (m), theme, subject
temblor (m), earthquake; quiver, tremor
tempestad (f), storm, tempest
templado, -a, moderate, temperate; lukewarm
temporada, season
  temporada de pesca (caza), fishing (hunting) season
  temporada de lluvias, rainy season
temprano, early (in the day)
tener, to have; to hold
  tener calor, to be hot
  tener éxito, to be successful
  tener frío, to be cold
  tener hambre, to be hungry
  tener lugar, to take place
  tener miedo, to be afraid
  tener razón, to be right
  tener sed, to be thirsty
  tener sueño, to be sleepy
tenis (m), tennis
tenista (m/f), tennis player
teoria, theory
Tenochtitlán, capital of the Aztec Empire
Teotihuacán, cultural and religious center of the Aztec Empire
tercer(o),-a, third
termo (m), thermos
ternura, tenderness
terremoto, earthquake
terreño, plot of land
tesorero,-a, treasurer
testificar, to testify
testigo (m/f), witness
testigo ocular, eyewitness
tía, aunt
tiempo, time; weather
  hace buen tiempo, it's good weather
  tiempo libre, free time
tienda, store; tent
tigre (m), tiger
tijeras, scissors
timbre (m), electric bell; stamp
timidez , shyness

tímido,-a, timid, shy
tinta, ink
tintorería, dry cleaners
tío, uncle
típico,-a, typical
tirantes (m), suspenders
título, title; diploma
tiza, chalk
toalla, towel
tocar, to touch; to play (instrument)
  tocar a la puerta, to knock on the door
todo,-a, all
tolteca (m/f), Toltec, Toltec Indian
tomar, to take; to drink
tomate [jitomate in México], tomato
tonto,-a, foolish
torero, bullfighter
tormenta, storm
torneo, tournament
toro, bull
  corrida de toros, bullfight
toronja, grapefruit
tortilla, tortilla (Mexico); omelet
torre, tower
tos (f), cough, coughing
toser, to cough
trabajar, to work
trabajo, work
tradición (f), tradition
traer, to bring
tráfico, traffic, commerce
traidor,-a, traitor
traje, (m) suit (of clothes)
  traje de baño, bathing suit
tranquilo, -a, tranquil, calm
transistor (m), transistor
tránsito, traffic
tranvía, (m), streetcar
tras, behind, after
tratar, to treat
tratar de, to try to
travesía, crossing, voyage
travieso,-a, mischievous
treinta, thirty
  treinta y uno, thirty-one
trenza, braid (hair)
tres, three
triángulo, triangle
trigo, wheat
trío, trio

tripulación (f), crew (of a ship)
triste, sad
tristeza, sadness
triunfo, triumph
trofeo, trophy
trono, throne
tropa, troop
truco, trick
trueno, thunder
tu, your
tú, you (familiar)
turco -a, Turk; Turkish
turista (m/f), tourist
turquesa, turquoise (gem)
tuyo,-a, yours

u, or (before [u] sound)
últimamente, lastly, finally; lately
último, -a, last (in line or number)
ultramarino,-a, overseas
un, -a, a, an, one
Unamuno, Miguel de (1864-1936),
  Spanish novelist and poet
unidad (f), unity, unit
  unidad monetaria, monetary unit
unificar, to unify
uniforme (m), uniform
universidad (f), university
uno, one
uña, fingernail
usar, to use
uso, use; usage; wear and tear
usted, -es, you (formal)
útil, useful
utilizar, to use, utilize
uva, grape

vacío, -a, empty; (m), void, vacuum
vacunar, to vaccinate
valentía, courage, valor
valer, to be worth
  valer la pena, to be worth the trouble
  or effort
valiente, brave
valioso, -a, valuable, useful, worthwhile
valor (m), value; courage

vals (m), waltz
vapor (m), steam, vapor; steamship
vaquero, cowboy
varios,-as, various
vasco/vascongado,-a, Basque
vascuence (m), Basque (language)
vaso, glass (for drinking)
vecino,-a, neighbor
vehículo, vehicle
veinte, twenty
veintinueve, twenty-nine
velocidad (f), speed, velocity
venado, deer, stag; venison
venda, bandage
vendedor, -a, salesperson, vendor
vender, to sell
venezolano,-a, Venezuelan
vengar, to avenge
venir [ie], to come
venta, sale; selling
ventana, window
ver, to see, to look
verano, summer
verbo, verb
verdad (f), truth
verdadero,-a, true
verde, green
verduras, greens, vegetables
vergüenza, shame; shyness
  tener vergüenza, to be embarrassed, to
  be shy
vértigo, vertigo, dizziness
vestido, dress
vez (f), time, instance
  de vez en cuando, from time to time
  diez veces, ten times
  en vez de, instead of
  otra vez, again
  por primera vez, for the first time
  una vez, once
viajar, to travel
viaje (m), trip, journey
viajero,-a, traveler
víctima (m/f), victim
vida, life
viejo,-a, old
viento, wind
viernes, Friday
violín (m), violin
violinista (m/f), violinist

virreinato, viceroyalty
visitante (m/f), visitor
visitar, to visit
vitaminas, vitamins
vivir, to live
volar [ue], to fly
volver [ue], to return (from somewhere)
vosotras (f), you (plural familiar)
vosotros, you (plural familiar)
voto, vote
voz (f), voice
  en voz baja, in a soft voice
  voz pasiva, passive voice
vuelo, flight
vuelta, return
  boleto de vuelta, return trip ticket
  boleto de ida y vuelta, round-trip ticket
  de vuelta, on the way back
vuelto, change (money); past participle of
  volver

 Y

y, and
yeso, plaster; chalk
yo, I
yodo, iodine
yuca, cassava
yucateco, -a, of or from Yucatán, México

 Z

zapatería, shoe store
zapatero, maker or seller of shoes
zapato, shoe
zarzuela, Spanish operetta
zoológico, zoo